Okko Herlyn

Das Vaterunser

Verstehen, was wir beten

neukirchener
verlag

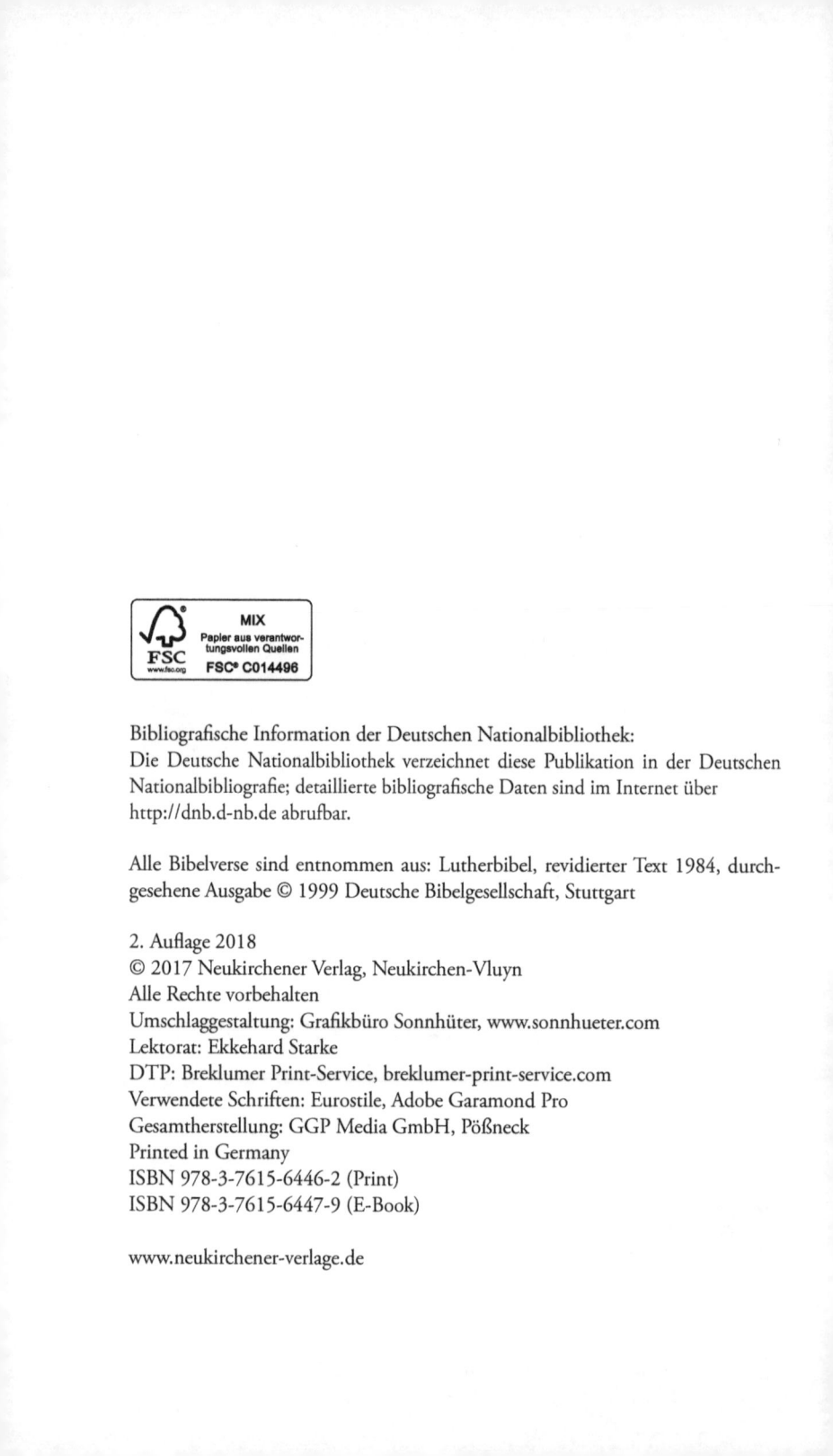

Bibliografische Information der Deutschen Nationalbibliothek:
Die Deutsche Nationalbibliothek verzeichnet diese Publikation in der Deutschen Nationalbibliografie; detaillierte bibliografische Daten sind im Internet über http://dnb.d-nb.de abrufbar.

Alle Bibelverse sind entnommen aus: Lutherbibel, revidierter Text 1984, durchgesehene Ausgabe © 1999 Deutsche Bibelgesellschaft, Stuttgart

2. Auflage 2018
© 2017 Neukirchener Verlag, Neukirchen-Vluyn
Alle Rechte vorbehalten
Umschlaggestaltung: Grafikbüro Sonnhüter, www.sonnhueter.com
Lektorat: Ekkehard Starke
DTP: Breklumer Print-Service, breklumer-print-service.com
Verwendete Schriften: Eurostile, Adobe Garamond Pro
Gesamtherstellung: GGP Media GmbH, Pößneck
Printed in Germany
ISBN 978-3-7615-6446-2 (Print)
ISBN 978-3-7615-6447-9 (E-Book)

www.neukirchener-verlage.de

Inhalt

I. Ein paar Dinge vorweg

1. „Geht eigentlich immer"

„Geht eigentlich immer." Die freundliche Verkäuferin in der Abteilung für Herrenmode macht ein aufmunterndes Gesicht. Nachdem ich mich bei dem Versuch, einen neuen Pullunder für die Übergangszeit zu erstehen, lange nicht zwischen Marineblau und Bordeauxrot entscheiden kann, hält sie mir schließlich eine unauffällige Strickjacke entgegen. „Hier. Versuchen Sie es doch einmal damit. Mit der Farbe können Sie im Grunde nichts falsch machen. Beige geht eigentlich immer."

„Geht eigentlich immer." Manchmal kann man den Eindruck gewinnen, als treffe das auch auf das Vaterunser zu. Kein evangelischer Gottesdienst, keine katholische Messe, keine ökumenische Andacht, keine kirchliche Amtshandlung, kaum eine seelsorgerliche Begegnung am Krankenbett ohne. Das Evangelische Gesangbuch z. B. empfiehlt das Vaterunser – neben dem gottesdienstlichen Gebrauch – sowohl für die Morgen- und Abendandacht als auch für ein mittägliches Friedensgebet, für Advents- und Passionsandachten, für Tagzeitengebete, Nottaufen und Einzelbeichten und schließlich für die Aussegnung eines Leichnams. Der Württembergische Ministerpräsident Winfried Kretschmann bekennt freimütig: „Dieses Gebet passt immer. Ob ich zweifle oder vertraue, ob es mir gut geht oder schlecht, ob ich heiter bin oder traurig." Letztens behauptete eine Pfarrerin am Ende ihrer gottesdienstlichen Fürbitte sogar, dass „alles, was wir sonst noch auf dem Herzen haben", in den Worten des folgenden Vaterunsers „zusammengefasst" sei. Ich gestehe gerne, dass ich das meiste, was ich in dem Moment auf dem Herzen hatte, nicht in den Worten des Vaterunsers „zusammenge-fasst" sah. Aber das mag an mir gelegen haben.

Dennoch frage ich mich: Ist das Vaterunser überhaupt ein Gebet „für alle Fälle"? So eine Art Passepartout, das irgendwie immer und bei jeder Gelegenheit „passt"? Und mit dem man wie mit einer Strickjacke in Beige jedenfalls „nichts falsch machen kann"? Oder könnte es sein, dass man gerade, *indem* man es wie eine „Allzweck-waffe" bei allen möglichen und unmöglichen Gelegenheiten meint einsetzen zu können, nicht nichts, sondern am Ende *alles* falsch macht? Mich irritiert, wie gedankenlos oft mit diesem Gebet um-gegangen wird – auch im evangelischen Raum. So als sei allein sein Wortlaut eine Art selbstwirksames Mantra, das durch seine ständi-ge Wiederholung eine gewisse Kraft entfalte. Mich irritiert auch, wenn ich in einer katholischen Kirche aus irgendeiner Nische ein fortwährend und rasch gemurmeltes: „Vater unser im Himmel …" vernehme, während die Perlen eines Rosenkranzes durch die Hände einer alten Frau gleiten. Ich will ja niemandem zu nahe treten, aber könnte es sein, dass das Vaterunser auch manchmal ein wenig zu viel, ein wenig zu stumpfsinnig, ein wenig zu inflationär runterge-leiert wird? Schon Martin Luther beklagte sich seinerzeit mehr als einmal darüber, dass das Vaterunser „der größte Märtyrer auf Er-den" sei. „Denn jedermann plagts und missbrauchts." Harte Worte, sicher. Aber hat der Mann so Unrecht?

Doch dann denke ich wieder andersherum. Ein Gebet, das „eigent-lich immer geht", hat ja vielleicht auch sein Gutes. Hat ja vielleicht auch etwas Entlastendes an sich. Wo steht denn geschrieben, dass man sich bei all und jeder Gelegenheit immer gleich tiefe Gedanken darüber machen muss, wie und was man beten soll? Vielleicht ist es ja manchmal nur ein Gefühl oder ein unbedingtes Bedürfnis, jetzt ein Gebet zu sprechen. Solche Situationen gibt es doch. Und dann auch die Erfahrung, dass einem genau in solch einer Situation aus irgendeinem Grunde die Worte fehlen. Selbst der Apostel Paulus seufzte gelegentlich: „Wir wissen nicht, was wir beten sollen, wie sich's gebührt" (Römer 8,26). Ist es da nicht manchmal einfach gut und entlastend, auf Vorhandenes, durch Jahrhunderte hindurch Bewährtes zurückgreifen zu können, ohne lange nachdenken zu müssen? Der Theologe Eberhard Jüngel berichtet davon, wie seine Mutter während eines Bombenangriffs im Luftschutzbunker mit lauter Stimme das Vaterunser gebetet habe. Sie, eine – wie er sagt – „nicht im kirchlichen Sinne fromme Frau", hatte in dieser Extremsituation, die einem die eigene Sprache gewiss verschlagen kann, einfach auf für sie vertraute Worte zurückgegriffen. War das so verkehrt? Muss ein Gebet, das „eigentlich immer geht", deshalb auch immer gleich problematisch sein?

So sind wir, noch ehe wir uns auch nur mit einem einzigen Wörtchen aus dem Vaterunser selbst beschäftigt haben, bereits mit etlichen nicht ganz unwichtigen Fragen konfrontiert. Eine weitere – scheinbar nur äußerliche – ist: Wie lautet eigentlich der richtige Name dieses Gebets?

2. „Vaterunser", „Unser Vater", „Gebet des Herrn" oder wie?

„Vater unser im Himmel …" So ist uns der Beginn des Vaterunsers wohl vertraut. Doch wenn wir nicht wüssten, dass es sich nun einmal um das zentrale Gebet der Christenheit handelt, müssten wir bereits jetzt stutzen. „Vater unser" – hat da jemand im Deutschunterricht vielleicht nicht richtig aufgepasst? Es muss wohl im dritten oder vierten Schuljahr gewesen sein: „besitzanzeigende Fürwörter". Mein, dein, unser, euer usw. Bitte grundsätzlich vor und nicht nach dem dazugehörigen Hauptwort. Also: „mein Haus" und nicht: „Haus mein". Doch hier: „Vater unser". Komisch.

Um das zu verstehen, müssen wir einen kleinen Schritt zurückgehen. Das Vaterunser ist – wir werden darauf noch verschiedentlich zu sprechen kommen – ursprünglich ja nicht in Deutsch, sondern in Griechisch aufgeschrieben worden, der Sprache des Neuen Testaments. Und hier ist es nun einmal so, dass das besitzanzeigende Fürwort in der Regel nicht vor, sondern nach dem Hauptwort kommt. Ähnlich ist es im Lateinischen, also der Sprache, in die die Bibel schon ein paar Jahrhunderte später übersetzt wurde. Auch hier gilt – anders als im Deutschen – in der Regel: besitzanzeigendes Fürwort (Possessivpronomen) bitte hinter das Hauptwort (Substantiv). Der Anfang des Vaterunsers hört sich dann – so viel Latein darf es jetzt mal sein – so an: „pater noster".

Nun kennen wir den Begriff „Paternoster" noch aus einem ganz anderen Zusammenhang. Im Hauptverwaltungsgebäude der Deutschen Rentenversicherung Knappschaft-Bahn-See in Bochum z. B. befindet sich ein merkwürdiger Aufzug. Ohne anzuhalten, kreisen dort ein paar Personenkabinen von Stockwerk zu Stockwerk. Und zwar im Kreise auf und ab: ein Paternoster. Wie kommt der Aufzug zu diesem Spitznamen? Es gibt da einen, zugegeben: etwas schrillen Zusammenhang. Beim Anblick der Konstruktion eines Paternosters kann man sich nämlich mit etwas Phantasie an eine Perlenschnur, gleich dem katholischen Rosenkranz, erinnert fühlen. Dieser ist – wir erinnern uns – zumindest für die katholische Frömmigkeit eine sozusagen „handgreifliche" Möglichkeit, das Vaterunser wiederholend zu beten. Jetzt also: jede Kabine gewissermaßen eine Vaterunser-Perle. Spitznamen haben manchmal merkwürdige Entstehungsgeschichten.

Unser „pater noster" war nun über viele Jahrhunderte hinweg insofern bedeutsam, als Latein das gesamte Mittelalter hindurch die allumfassende, alle verbindende Kirchensprache war. In den Gottesdiensten wurde von Generation zu Generation eben das lateinische „pater noster" gebetet. Besser gesagt: *vor*gebetet. Denn des Lateinischen mächtig waren, wenn überhaupt, nur die Mönche und Priester. Das einfache Volk dagegen vernahm fremde Vokabeln und murmelte sie vielleicht nach. Ob es immer verstanden hat, was es da zu hören und nachzumurmeln gab, sei dahingestellt.

Eines der Verdienste der Reformation war es jedenfalls, den christlichen Glauben aus dieser sprachlichen Fremdbestimmung befreit zu haben. Deshalb übersetzte Luther das Neue Testament ins Deutsche. Und so eben auch das ehemalige „pater noster". Über die Frage, weshalb er nun – etwa in seinen Katechismen – nicht, wie es grammatisch korrekt gewesen wäre, mit „unser Vater", sondern mit „Vater unser" übersetzt, kann man nur Vermutungen anstellen. Wahrscheinlich war es einfach nur eine kleine Konzession an seine römisch-katholische Herkunft, mit der er ja ursprünglich gar nicht brechen wollte. Nicht nur beim Namen des Vaterunsers kann man bei Luther immer wieder seine römischen Eierschalen erkennen. Warum auch nicht? „Niemals geht man so ganz", sang Trude Herr. Das trifft in gewisser Weise auch auf die Reformatoren zu. Zumindest die lutherischen. Anders die reformierten Reformatoren, Zwingli, Calvin und wie sie alle hießen. Ursprünglich durchaus von Luthers Erkenntnissen auf den Weg gebracht, zogen sie doch mitunter erheblich radikalere theologische Konsequenzen, was den Neuanfang der Kirche betrifft. Etwa die in reformierten Kirchen anzutreffende sehr auffällige Kargheit ist auch Ausdruck des Willens, sich von allem katholischen Anschein unbedingt abzusetzen. Keine Bilder, kein Altar, kein Kreuz, keine Kerzen, keine Blumen. Und so eben auch kein immer noch an das katholische „pater noster" erinnernde „Vater unser", sondern „unser Vater". Alle reformierten Bekenntnisschriften, Lehrbücher und Gottesdienstordnungen ziehen diese Sprachregelung durch. Bis heute wird in einem reformierten Gottesdienst konsequent das „Unser Vater" und nicht das „Vaterunser" gebetet. Weshalb es bei Letzterem dann noch einmal zu einer Wortverschmelzung gekommen ist, ist wohl den ungeschriebenen Gesetzen stehender Redensarten geschuldet, so wie wir das von dem Paternoster in der Bochumer Hauptverwaltung her kennen.

Zuweilen begegnen aber auch andere Namen „Gebet des Herrn" oder auch nur „Herrengebet". Oder – wie es in manchen Gottesdiensten heißt – „das Gebet, das Jesus Christus selbst uns gelehrt hat". Da ist etwas dran. Denn das Vaterunser ist uns ja in der Tat als ein Gebet Jesu überliefert. Die Formulierung „Gebet des Herrn" weist also auf die Einzigartigkeit und besondere Autorität dieses Textes hin. Es ist schon etwas anderes, ob ich meine eigenen, nicht selten auch kümmerlichen Worte zusammenkrame oder ob ich so bete, „wie Jesus Christus selbst uns gelehrt hat". Ohne damit die manchmal auch kümmerlichen eigenen Gebetsworte gering zu schätzen. Zumindest hält uns das „Herrengebet" – im Englischen „Lord's Prayer" – eher dazu an, sorgfältig auf seine Worte zu achten. Und genau darum soll es uns ja gehen.

„Vaterunser", „Unser Vater" oder „Gebet des Herrn"? Wenn man weiß, was man betet, muss man die Bedeutung dieser unterschiedlichen Begriffe nicht zu hoch hängen. Und schon gar nicht eignen sie sich für einen konfessionellen Stellvertreterkrieg. Wer am Ende theologisch Recht hat – Katholiken, Lutheraner oder Reformierte –, das entscheidet sich ganz gewiss nicht an ein paar korrekten Vokabeln. Warum kann man – etwa als reformierter Christ – nicht die christliche Freiheit haben, „Vater unser" wacker mitzubeten, wenn es um höhere, etwa ökumenische Belange geht? Und was die rein sprachliche Fremdheit angeht, so sind wir ja auch sonst nicht so zimperlich in unseren Kirchen. Welcher normale Christenmensch weiß denn genau, was es mit dem Wort „Kyrie eleison" auf sich hat? Oder weshalb wir nicht „Christus", sondern „Christe, du Lamm Gottes" singen? Von „Leib Christi" oder „Jesu (statt: Jesus), meine Freude" ganz zu schweigen. Nein, an Vokabeln und Grammatiken kann es nicht hängen. Aber woran dann? Schon wieder also eine Frage. Doch muss das von Nachteil sein?

3. Eine Art Modell

In der Bibel begegnet uns das Vaterunser in zwei verschiedenen Versionen. Wir finden sie bei den Evangelisten Matthäus und Lukas.

Matthäus 6,9-13:
> Unser Vater im Himmel!
> Dein Name werde geheiligt.
> Dein Reich komme.
> Dein Wille geschehe wie im Himmel so auf Erden.
> Unser tägliches Brot gib uns heute.
> Und vergib uns unsere Schuld, wie auch wir vergeben unsern Schuldigern.
> Und führe uns nicht in Versuchung,
> sondern erlöse uns von dem Bösen.
> Denn dein ist das Reich und die Kraft und die Herrlichkeit in Ewigkeit.
> Amen.

Lukas 11,2-4:
> Vater!
>
> Dein Name werde geheiligt.
>
> Dein Reich komme.
>
> Unser tägliches Brot gib uns Tag für Tag
>
> und vergib uns unsre Sünden;
>
> denn auch wir vergeben allen, die an uns schuldig werden.
>
> Und führe uns nicht in Versuchung.

Schon ein erster flüchtiger Blick zeigt, dass beide Texte nicht völlig identisch sind. Hartgesottene Fundamentalisten werden bereits hier ihre Probleme bekommen: Kann es denn sein, dass sich Jesus bei der einen oder anderen Version vertan hat? Dass er, der Sohn Gottes, ausgerechnet bei solch einem wichtigen und zentralen Gebet den korrekten Wortlaut nicht mehr richtig zusammengekriegt hat?

Ehe wir uns hier in unfruchtbaren Spekulationen verlieren, sollten wir uns nüchtern vor Augen halten, dass uns der Originalton dessen, was Jesus einmal tatsächlich gesagt hat, nirgendwo erhalten ist. Was wir haben, das sind die *Zeugnisse* von Menschen, die das, was sie von ihm gehört haben, weitergeben. Zunächst von Mund zu Mund, später durch Aufschreiben und Abschreiben. Hatte Jesus selbst noch das damals in Israel gebräuchliche Aramäisch gesprochen, so sind die späteren schriftlichen Aufzeichnungen seiner Worte und Taten im Neuen Testament allesamt in Griechisch verfasst, der seinerzeitigen Verkehrssprache im gesamten Mittelmeerraum. Man kann sich nur wundern, dass es bei solch einem komplexen Entstehungsprozess überhaupt noch so viele inhaltliche Übereinstimmungen in den Evangelien gibt. Doch wo Menschen am Werk sind, gibt es natürlich auch unterschiedliche Wahrnehmungen und eigene Akzentsetzungen. So erklären sich – bei allen Übereinstimmungen – die durchaus vorhandenen Unterschiede in den neutestamentlichen Zeugnissen. Nicht zuletzt auch in den beiden Versionen des Vaterunsers.

Manche sehen darin die Autorität der neutestamentlichen Texte angekratzt. Kann man so sehen. Man kann es aber auch anders sehen. Verschiedene Wahrnehmungen ein und derselben Sache müssen sich ja nicht zwangsläufig widersprechen. Sie können ja auch einander ergänzen und sich am Ende vielleicht sogar gegenseitig bereichern. Wenn also die beiden Evangelisten Matthäus und Lukas den Wortlaut des Vaterunsers nicht hundertprozentig deckungsgleich wiedergeben, laden sie uns zunächst einmal ein, von ihren unterschiedlichen Wahrnehmungen zu profitieren. Was der eine nicht hat, hat vielleicht der andere. Schön dumm, wollten wir von vornherein auf eine Bereicherung unserer Erkenntnis verzichten.

Warum nun Matthäus und Lukas zwei verschiedene Versionen des Vaterunsers aufgeschrieben haben, darüber können wir allerdings nur Vermutungen anstellen. Lag es daran, dass sie auf verschiedene Überlieferungen zurückgreifen mussten? Lag es an ihren verschiedenen „religiösen Sozialisationen", wie wir heute sagen würden? Lag es womöglich an ihren unterschiedlichen theologischen Interessen? Wir wissen es nicht. Durchgesetzt hat sich in der weltweiten Christenheit jedenfalls bis heute die längere Version des Evangelisten Matthäus. Deshalb werden wir im Folgenden an ihrem Wortlaut entlanggehen und da, wo es sinnvoll erscheint, auf die Varianten beim Evangelisten Lukas eingehen.

Ein erster unterschiedlicher Akzent beider Versionen ergibt sich bereits aus dem jeweiligen *Zusammenhang,* in dem sie stehen. Bei Matthäus begegnet uns das Vaterunser im Zusammenhang der Bergpredigt. In deren Verlauf kommt Jesus auf viele verschiedene

Themen zu sprechen. So auch auf das Thema „Frömmigkeit". Für die jüdischen Menschen der damaligen Zeit bestand diese vor allem im regelmäßigen Almosengeben, Beten und Fasten. Dagegen hat Jesus grundsätzlich nichts. Ist er doch schließlich selbst Jude und hält sich, wie wir immer wieder lesen, treu an die religiöse Glaubenspraxis seines Volkes. Im Judentum gehört dazu auch ein ausgeprägtes Gebetsleben. Neben den Psalmen belegen das vor allem die vielen jüdischen Gebetstexte, etwa das Schma Jisrael („Höre Israel"), das Achtzehngebet oder die verschiedenen Versionen des Kaddisch („Heilig"), um nur einige zu nennen. Wir können davon ausgehen, dass Jesus diese Texte vertraut waren und er sie selber praktizierte.

Was er in der Bergpredigt allerdings heftig anprangert, ist nicht der Gebrauch, sondern der Missbrauch von Frömmigkeit. Nun kann man sagen: Missbrauch von Almosengeben, o. k., haben wir schon mal was von gehört. Wenn man z. B. an die vielen Firmen oder Promis denkt, die sich vor Weihnachten mit ihren Spenden öffentlich dicketun, nur um ihr Image zu polieren, das ist schon peinlich. Und Missbrauch von Fasten, nun gut, soll es auch geben. Man kann schließlich alles übertreiben, wenn man sich allein die vielen Magermodels vor Augen hält. Aber Missbrauch des Gebets? Kann es das auch geben? Ja, sagt Jesus. „Wenn ihr betet, sollt ihr nicht sein wie die Heuchler, die gern in den Synagogen und an den Straßenecken stehen und beten, damit sie von den Leuten gesehen werden. Wenn ihr betet, sollt ihr nicht viel plappern wie die Heiden; denn sie meinen, sie werden erhört, wenn sie viele Worte machen." (Matthäus 6,5.7)

Diesem Missbrauch des Gebets hält Jesus nun das Vaterunser entgegen: „Darum sollt ihr so beten." Man kann fragen, was genau mit dem Wörtchen „so" gemeint ist. Wenn man den eingangs erwähnten, manchmal fast schon inflationären Gebrauch des Vaterunsers ansieht, dann kann dieses „so" keinesfalls bedeuten, ausgerechnet mit dem Vaterunser in den Missbrauch des „Viele-Worte-Machens" zurückzufallen. Und wenn man sich die beiden Textvarianten bei Matthäus und Lukas vergegenwärtigt, dann kann das „so" wohl auch nicht als ein „so und nicht anders" verstanden werden. Der Zusammenhang legt vielmehr nahe, das „so" so zu verstehen, dass mit den Worten des Vaterunsers eine Art *Anleitung* zum rechten Beten gegeben werden soll, ein Hinweis darauf, was im Gebet wichtig ist und was nicht. Sicher ist das Vaterunser selbst ein Gebet. Und auch nicht irgendeins, sondern in der Tat das, „das Jesus Christus selbst uns gelehrt hat". Und schon deshalb sollte sein Gebrauch von höchstem Respekt und großer Gewissenhaftigkeit geprägt sein. Mehr noch aber scheint es ein grundlegendes *Modell* zu sein, wie rechtes Beten aussehen kann. Und warum dann nicht auch mit anderen oder gar eigenen Worten?

Für diese Deutung des Wörtchens „so" spricht auch der Zusammenhang bei Lukas. Auch dort geht es um das Thema „Beten", aber anders als bei Matthäus. Es heißt da: „Und es begab sich, dass Jesus an einem Ort war und betete. Als er aufgehört hatte, sprach einer seiner Jünger zu ihm: Herr, lehre uns beten, wie auch Johannes seine Jünger lehrte." (Lukas 11,1) Die Frage der Jünger richtet sich also auf das „wie" des rechten Betens, so wie sie das etwa bei Johannes dem Täufer und dessen Anhängerschaft beobachtet hatten. Indem Jesus nun auf die Bitte seiner Jünger antwortet: „Wenn ihr betet, so sprecht", dann ist dieses „so" offenbar genau die Antwort auf das erbetene „wie". Das Vaterunser also vor allem die Antwort auf die Frage nach der rechten Art und Weise des Betens.

Bereits diese ersten Beobachtungen am biblischen Text machen deutlich, dass das Vaterunser ganz und gar nicht dazu angetan ist, bei jeder passenden oder unpassenden Gelegenheit sozusagen ohne

Sinn und Verstand „geplappert" zu werden. Ganz im Gegenteil. Das Vaterunser mit seinen vielen gewichtigen Inhalten hält uns dazu an, uns selber Gedanken zu machen, wie und was überhaupt verantwortungsvoll zu beten ist. Das Vaterunser ist kein Gebet zum gedankenlosen Runterleiern. Es ist vor allem ein Gebet zum *Nachdenken*.

II. „Vater"

Mehr Vertrauen geht nicht

1. Wie bei Opas altem Diaprojektor

„Schon hier hört es bei mir auf." Erschrocken blickt die Runde auf die junge Frau mir gegenüber. Wir befinden uns in einem Gesprächskreis, der sich monatlich um Themen des Glaubens und Lebens trifft. Heute Abend geht es um den Anfang des Vaterunsers: Vater unser ... „Schon hier hört es bei mir auf." Die junge Frau erzählt von ihren Schwierigkeiten, sich Gott als Vater vorzustellen. Das hänge mit bestimmten Erfahrungen ihrer Kindheit zusammen. Ihr Vater sei ein regelrechter Tyrann gewesen. Oft sei er angetrunken nach Hause gekommen und habe sie und ihre Schwester grundlos verprügelt. „Und dann gab es da noch die Nächte, wenn er in unser Schlafzimmer kam ..." Sie bricht ab. Ein paar Tränen rinnen ihr über das Gesicht. Die Frau neben ihr nimmt sie in den Arm. Wir anderen unterbrechen das Gespräch für eine Weile.

Es gibt nicht wenige Menschen, die beim Beten des Vaterunsers bereits mit der Anrede Gottes ihre Probleme haben. Immerhin bezeichnet „Vater" ja eine bestimmte Person, mit der jeder Mensch seine ganz eigenen Erfahrungen gemacht hat. Wenn nun Gott im Vaterunser als „Vater" angeredet wird, scheint es leicht nachvollziehbar, dass manche Menschen ihre Vatererfahrungen eben auch auf Gott übertragen: Habe ich gute Erfahrungen mit meinem eigenen Vater gemacht, dann fällt es mir nicht schwer, nun auch Gott mit „Vater" anzusprechen. Habe ich schlechte Erfahrungen gemacht, dann kann ich da eben eventuell schnell ins Stolpern geraten. Man kann sich das wie eine Art „Projektion" vorstellen, wenn man sich noch an Opas alten Diaprojektor erinnert. Das „Dia" meiner eigenen Vatererfahrung wird nun auf die große „Leinwand" meiner Gottesvorstellung projiziert. Das Problem dabei ist nur: Auf der Leinwand ist nie mehr und grundsätzlich nie etwas anderes zu sehen als das, was auf dem Dia in meinem Kopf bereits vorhanden ist. Aus Sicht des Glaubens ist das insofern schade oder manchmal sogar gefährlich, weil ich – gefangen in meiner eigenen Vatererfahrung – kaum mehr in der Lage bin, auch einmal eine *neue* Erfahrung mit Gott als „Vater" zu machen.

In der Bibel wird dieser problematische Vorgang häufig thematisiert, dort allerdings nicht „Projektion", sondern „Bilder machen" genannt. „Du sollst dir kein Bildnis machen …" heißt es beispielsweise bereits in den Zehn Geboten (2. Mose 20,4). Warum? Weil Bilder – neben aller Anschaulichkeit, die sicher nützlich sein kann – immer auch die Gefahr der Einengung, der Verfügung, ja der Beherrschung meines Gegenübers bedeuten können. Eine Gefahr, die wir aus dem zwischenmenschlichen Bereich gut kennen. Wie ich mit einer Frau, einem Mann, einem Kind, einem Italiener, einem Menschen mit einer Behinderung oder einer anderen Hautfarbe umgehe, hängt häufig zuhöchst eben von dem „Bild" ab, das ich zuvor von einer Frau, einem Mann, einem Kind, einem Italiener, einem Menschen mit einer Behinderung oder einer anderen Hautfarbe in meinem Kopf gespeichert habe. Dieses Bild in meinem Kopf mag seine verschiedenen Ursachen haben. Es ist aber oft genug auch ein Hindernis, mich dem konkreten Menschen vor mir ohne Vorbehalt zuzuwenden. Der Schriftsteller Max Frisch hat diesen Vorgang mit geradezu religiösem Pathos gegeißelt: „Es ist eine Versündigung, die wir fast ohne Unterlass begehen." Und die Theologin Dorothee Sölle spricht in dem Zusammenhang sogar von einem „Begräbnis". Indem ich mir ein Bild von meinem Gegenüber mache, „begrabe" ich gewissermaßen seine Möglichkeit, auch „ganz anders" sein zu können.

Die Bibel kritisiert solche „Versündigung" des Bildermachens vor allem im Hinblick auf *Gott.* Sich von ihm ein Bild machen, hieße ja: sich ihn nach den eigenen Vorstellungen zurechtbasteln. Ihn nur das sein lassen, was unsere menschlichen Erfahrungen hergeben. Hieße: Gott letztlich in unsere Verfügung bekommen. Hieße: Gottes Möglichkeit, auch „ganz anders" sein zu können – mit Sölle zu sprechen –, zu „begraben". Die Bibel jedenfalls verurteilt diese Art des Bildermachens von Gott mit überaus beißendem Spott: „Ihre Götzen aber sind Silber und Gold, von Menschenhänden gemacht. Sie haben Mäuler und reden nicht, sie haben Augen und sehen nicht, sie haben Ohren und hören nicht, sie haben Nasen und riechen nicht, sie haben Hände und greifen nicht, Füße haben sie und gehen nicht, und kein Laut kommt aus ihrer Kehle." (Psalm 115,4-7) Wo Gott in ein von Menschen gemachtes Bild gezwängt wird, ist er nicht mehr der Freie und Lebendige, sondern allenfalls noch ein toter Götze.

Nun kann man fragen: Aber ist nicht die Anrede „Vater" genauso ein menschliches Bild von Gott? Und zwar eins, das uns doch immerhin von Jesus selbst in den Mund gelegt wird. Und weiter: Bietet uns die Bibel nicht an anderen Stellen zahllose weitere menschliche Bilder von Gott an: etwa „Hirte" (Psalm 23,1), „Freund" (2. Mose 33,11), „Arzt" (2. Mose 15,26), „Richter" (Psalm 50,6) oder auch „Mutter" (Jesaja 66,13), um nur einige zu nennen? Doch genau diese Vielfalt biblischer Gottes„bilder" sollte uns aufmerken lassen. Es wird seinen Grund haben, dass die Bibel Gott nicht in einem einzigen Bild festlegt. Die verschiedenen Bilder sind offenbar dazu da, je nach Situation ganz verschiedene Seiten Gottes zum Sprechen zu bringen. Gott selbst entzieht sich immer wieder allen menschlichen Festlegungen. Er bleibt der Freie, der Lebendige und Souveräne. Deshalb beginnt der erwähnte Spottpsalm mit den Worten: „Unser Gott ist im Himmel; er kann schaffen, was er will" (Psalm 115,3). Man tut also gut daran, die biblischen Gottes„bilder" nicht gleich von seinen eigenen Erfahrungen her zu deuten, sondern von dem her, was diese Bilder von sich aus über Gott sagen wollen. Dazu ist es nötig, immer wieder ein wenig Abstand von sich selbst zu gewinnen. Auch von den – so oder so gemachten – guten oder schlechten Vatererfahrungen.

Der Theologe Karl Barth hat deshalb an dieser Stelle gemeint, dass man den „Diaprojektor" am Ende gewissermaßen umdrehen müsse. Gottes Vatersein bestimme sich nicht nach Maßgabe menschlicher Vatererfahrungen. Es sei vielmehr genau umgekehrt: Gottes ursprüngliches und eigentliches Vatersein sei das „Urbild", an dem sich dann alle menschliche Vaterschaft zu orientieren habe. In letzter Zeit ist ja immer wieder von den sogenannten „neuen Vätern" die Rede. Von Männern, die „anders" mit ihren Kindern umgehen wollen und sollen, als sie das vielleicht selber bei ihren eigenen Vätern erlebt haben. Hier beim „Vater" des Vaterunsers hätten sie einen Ansatzpunkt zur Umorientierung.

2. „Abba"

Wir erinnern uns: Das Wort „Vater" ist eine Übersetzung des entsprechenden Wortes im griechischen Urtext des Neuen Testaments. Und auch dieser Urtext ist ja nur eine spätere Verschriftlichung dessen, was einmal – etwa eine Generation vorher – von Jesus selbst *gesprochen* worden war, und zwar in seiner Muttersprache, dem

Aramäischen. In dieser seiner Muttersprache hat Jesus – darin sind sich die Forscher sehr einig – mit hoher Wahrscheinlichkeit für „Vater" das aramäische Wort „Abba" benutzt. Wenn wir dieses Wort einmal laut aussprechen, merken wir rasch, dass es allein seinem Klang nach einen ganz anderen Ton anschlägt als das herbere „Vater" bzw. „pater". „Abba" – das klingt ja fast wie „Papa". In diesen beiden schlichten Silben liegt alle kindliche Zärtlichkeit. Liegt ein großes Vertrauen, eine große Nähe. Wie viele verletzte Kinderseelen haben sich nicht schon in dieses warme Wort hinein bergen können: „Papa". Und alles wird gut.

Es ist schon sehr auffallend, dass Jesus Gott sehr häufig mit „Vater" bzw. auch mit „mein Vater", d. h. in seiner Sprache mit „Abba" anredet. Die wohl bekannteste Stelle finden wir in der Passionsgeschichte, wo Jesus kurz vor seinem Tod im Garten Gethsemane mit Gott ringt: „Abba, mein Vater, alles ist dir möglich; nimm diesen Kelch von mir; doch nicht, was ich will, sondern was du willst!" (Markus 14,36). „Abba": auch hier der Ausdruck grenzenlosen Vertrauens – selbst wenn der Weg bitter ist. Auch Jesus vertraut darauf, dass alles gut wird. Auf Karfreitag folgt Ostern.

Dieses „andere" Vatersein Gottes wird in der wohl bekanntesten biblischen Geschichte, nämlich der vom „verlorenen Sohn", anschaulich (Lukas 15,11-32). Ein Sohn lässt sich von seinem Vater das ihm zustehende Erbe vor der Zeit auszahlen. Er geht in die Fremde, verprasst dort sein Hab und Gut mit falschen Freunden und Dirnen und landet schließlich im Schweinestall. Reumütig kehrt er zu seinem Vater zurück, sich nicht mehr als würdig empfindend, überhaupt „Sohn" genannt zu werden. Und der Vater? Statt den Sohn mit durchaus nachvollziehbaren Vorwürfen zu überschütten, eilt er ihm – o Wunder – entgegen, schließt ihn in die Arme und gibt zu seinen Ehren ein großes Fest. Es ist dies die vielleicht ergreifendste biblische Geschichte über das „andere" Vatersein Gottes. Sie erschließt sich aber wohl nur dem, der bereit ist, wenigstens für einen Moment einmal von seinen eigenen menschlichen Vatererfahrungen abzusehen.

Im biblischen „Vater" schwingt aber auch noch etwas anderes mit. Das hat vor allem mit den sozialen Strukturen der damaligen Zeit zu tun. Im ganzen alten Orient ist der Vater – z. T. ja noch bis heute – das unangefochtene Oberhaupt der Familie. Er hat das Sagen. Ihm gebühren Respekt und Gehorsam. Ja, das biblische „Vater" hat auch etwas Herrscherliches an sich. Das scheint nun allerdings wieder nach „Projektion" zu klingen, so als würde ein menschliches Herrscherbild mit all seinen autoritären Zügen nun doch auf Gott übertragen. Aber – auch der „herrschenden" Seite Gottes als „Vater" fehlt jedes Despotische und Unterdrückerische, wie wir es vielleicht sogleich mit „Herrschen" assoziieren. Das kann man sich an den Zehn Geboten ziemlich gut verdeutlichen. Gewiss, sie werden „geboten" und fordern Respekt und Gehorsam. Aber ihr Ziel ist nicht willenlose Unterwerfung unter eine fremde Willkür, sondern der Ruf in ein gelingendes Leben aller, der Ruf in die Freiheit. Die Gebote wollen allesamt dem Menschen *zugute*kommen. Kein Wunder, wenn die Bibel sie immer wieder mit Motiven des Genießens besingt: „Die Rechte des Herrn sind süßer als Honig und Honigseim" (Psalm 19,11). Ja, solch eine väterliche „Herrschaft" lässt man sich doch gerne gefallen.

Jesus nennt Gott „Abba" – mit all seinen „anderen" Vaterseiten. Und im Vaterunser lädt er nun auch uns dazu ein, es ihm gleichzutun. Was für eine hohe Wertschätzung allein das. Und mehr noch: Was für eine Wohltat, sich mit dem Wörtchen „Vater" einem solchen Gott anvertrauen zu dürfen. Auch im Schweren. Mehr Vertrauen geht nicht.

3. Die Tür des Gefängnisses öffnen

Ich kehre in Gedanken in unsere Gesprächsrunde zurück. Die schlimmen Vatererfahrungen der jungen Frau wollen mir nicht aus dem Kopf. Sie sind nun einmal Teil ihres Lebens und können nicht einfach mir nichts, dir nichts wegradiert werden. Gut, wenn es Menschen um sie gibt, die dafür Verständnis haben oder sie von Zeit zu Zeit einfach nur in den Arm nehmen.

Mich beschäftigt aber auch die Frage, ob es unbedingt dabei bleiben muss, dass sie das Vaterunser, zumindest was die Anrede Gottes angeht, nicht unbeschwert mitbeten kann. Manche Frauen mit ähnlich schlimmen Vatererfahrungen empfehlen, stattdessen „Mutter" zu sagen. Aber löst das das Problem der „Projektion"? Es gibt doch schließlich auch schlimme Muttererfahrungen. Selbst „Ärzte", „Richter" und „Freunde" – um noch einmal ein paar andere Gottes„bilder" der Bibel aufzugreifen – sind auch nicht immer ohne Fehl und Tadel, um problemlos als „Dia" für unsere Gottesvorstellungen herhalten zu können. Wir kommen in dieser Sache wahrscheinlich überhaupt nicht weiter, wenn wir immer nur von *uns* ausgehen. So sehr es in anderen Zusammenhängen durchaus sinnvoll sein kann, von sich auszugehen, im Hinblick auf Gott funktioniert das offenbar nicht.

Es geht wahrscheinlich nur so, dass wir, wenn wir das Vaterunser beten, schon die Bereitschaft aufbringen müssen, uns einer anderen Botschaft zu öffnen. So wichtig und gewichtig unsere menschlichen Erfahrungen auch sein mögen, sie sollen doch nicht zu einem Gefängnis werden, das nichts anderes mehr zulässt. Ich wünschte es jedenfalls jener jungen Frau – und nicht nur ihr –, dass sie ihre gemachten schlimmen Erfahrungen nicht daran hindern, noch einmal etwas anderem, genauer: *einem* anderen zu begegnen. Ob sie dann auch eine andere Anrede für Gott findet, ja vielleicht sogar irgendwann einmal wieder zum „Vater" zurückzukehrt, ist dann vielleicht auch nicht mehr so entscheidend. Entscheidend ist, ob sie in den Worten des Vaterunsers ein neues Vertrauen schöpfen kann. Ein Vertrauen, das ihre gemachten schlimmen Erfahrungen nicht einfach in Luft auflöst. Wohl aber die Tür des Gefängnisses ein wenig öffnet.

III. „Unser"

Attacke auf die Einsamkeit

1. „Beten kann ich auch zu Hause"

„Beten kann ich auch zu Hause." Mit geschwellter Brust knallt mir Robert seine Rechtfertigung, weshalb er es am Sonntagmorgen vorzieht auszuschlafen, statt den Gottesdienst aufzusuchen, vor den Latz. Wir sitzen gerade auf eine auskömmliche Pizza bei „Mamma Leone" in der Innenstadt. Es hat sich im Laufe der Jahre einfach so eingespielt, dass wir uns von Zeit zu Zeit ein wenig über alles Wichtige austauschen: Berufliches, Beziehungen, Fußball. Was halt so anliegt. Irgendwann kommt das Gespräch auch auf die Wochenendgestaltung. Noch ehe ich das Wort „Gottesdienst" auch nur ausgesprochen habe, platzt es schon aus Robert heraus: „Beten kann ich auch zu Hause. Dafür muss ich nicht jeden Sonntag in die Kirche rennen." Ich verkneife mir die Frage, ob er es auch tatsächlich tut. Wir sitzen hier nicht im Verhör, sondern bei „Quattro Stagioni" und labendem Pinot Grigio.

„Beten kann ich auch zu Hause." Roberts Schnellfeuergeschoss will mir nicht aus dem Kopf. Ja, natürlich kann er auch zu Hause beten. Von mir aus kann er auch in einem Hühnerstall oder am Strand von Portofino beten. Wenn ich nur an ein paar Menschen der Bibel denke, dann kommen mir noch ganz andere Orte in den Sinn, wo gebetet werden kann: in der Wüste (Lukas 5,6), auf einem Berg (Lukas 6,12), an irgendeinem Flussufer (Apostelgeschichte 16,13), auf dem Dach eines Hauses (Apostelgeschichte 10,9), ja sogar im Bauch eines großen Fisches (Jona 2,2). Das ist es nicht, weshalb mir Roberts Äußerung nicht aus dem Kopf will. Ich habe vielmehr den Eindruck, dass in seiner Bemerkung noch etwas ganz anderes mitschwingt. Es ist die häufig anzutreffende Einstellung, dass Glaube „doch schließlich Privatsache" sei und keinen anderen etwas angehe. Habe nicht Jesus selber gesagt: „Wenn du aber betest, so geh in dein Kämmerlein und schließ die Tür zu und bete zu deinem Vater, der im Verborgenen ist." (Matthäus 6,6)

Wenn es sich mit dem Wort vom „Kämmerlein" tatsächlich so verhält, sollten wir dann nicht besser *„mein* Vater" statt „unser Vater" beten? Immerhin spricht doch auch Jesus selbst seinen himmlischen Vater immer wieder mit „mein Vater" an (z. B. Matthäus 26,39). Und wenn man allein das Johannesevangelium nimmt, so redet er dort Seite um Seite in fast schon monotoner Weise von Gott als von „meinem Vater". Ist also nicht Jesus selbst der wandelnde Beleg dafür, dass das Gebet eine ganz persönliche Sache ist, die ausschließlich in die intime Zweisamkeit zwischen mir und Gott gehört? Und müssten wir dann nicht fairerweise auch den vielen Roberts Recht geben, die meinen, „schließlich auch alleine" beten zu können, statt die Gemeinschaft anderer Menschen aufsuchen zu „müssen"? Aber warum dann – um alles – „unser" statt „mein" im Vaterunser, und das mehr als einmal? Fragen über Fragen. Mal wieder. Wir wollen sehen, ob die Bibel selbst uns ein wenig Klarheit verschaffen kann.

2. Eine ziemliche Zumutung

Als Erstes fällt auf, dass Jesus unmittelbar vor dem berühmten „Kämmerlein"-Wort seine Zuhörerschaft nicht mit „du", sondern mit „ihr" anredet: „Wenn *ihr* betet ..." (Matthäus 6,5), also Mehrzahl statt Einzahl. Und auch unmittelbar nach dem „Kämmerlein"-Wort geht es im Plural weiter, nicht zuletzt eben in der Anrede des Vaterunsers selber: *„Unser* Vater ..." Ja, nicht nur durch die ganze Bergpredigt, sondern auch durch das gesamte Evangelium hindurch zieht sich die „Ihr"-Anrede Jesu an die Seinen wie ein roter Faden. Das wird nur gelegentlich unterbrochen, nämlich dann, wenn Jesus einmal einen einzelnen Menschen ganz persönlich anspricht. Offenbar sieht Jesus den Menschen nicht zuerst als Einzelwesen, sondern als Teil einer *Gemeinschaft.*

Damit befindet er sich durchaus in guter biblischer Gesellschaft. Schließlich heißt es bereits in einem der Schöpfungsberichte, dass es „nicht gut" sei, „dass der Mensch allein sei" (1. Mose 2,18). Der Gedanke, dass der Mensch grundsätzlich nicht für die Einsamkeit, sondern für das Miteinander bestimmt ist, zieht sich fortan wie ein roter Faden durch die gesamte Bibel hindurch. Wie anders ist es zu verstehen, wenn etwa im Alten Testament immer wieder auf das „Volk" und im Neuen Testament vor allem auf die „Gemeinde" abgehoben wird? Wie anders sind die vielen Weisungen – allen voran die Zehn Gebote – zu verstehen, die immer wieder auf ein gelingendes gesellschaftliches Miteinander abzielen? Wie anders ist etwa ein Paulus zu verstehen, der bekanntlich die Liebe, also die Zuwendung zum Nächsten, als „das Größte" pries (vgl. 1. Korinther 13,13)? „Der Mensch wird am Du zum Ich", sagt der jüdische Philosoph Martin Buber. Ein großes Wort, gelassen ausgesprochen.

So nimmt es denn nicht wunder, dass auch das Beten in der Bibel vor allem im „Wir"-Modus begegnet: „Wir danken dir, Gott, und verkünden deine Wunder." (Psalm 75,2) Oder: „Gott ist unsere Zuversicht und Stärke, eine Hilfe in den großen Nöten, die uns getroffen haben ..." (Psalm 46,2). Gebete, die offensichtlich aus einem gemeinschaftlichen Glauben heraus entstanden sind. Der Plural des Vaterunsers fügt sich hier also nahtlos ein. Ebenso wie die zahlreichen – ebenfalls im Plural gehaltenen – Aufforderungen zum Beten im übrigen Neuen Testament: „Betet stets in allen Anliegen" (Epheser 6,18). Oder: „Ihr aber, meine Lieben, ... betet" (Judas 20). Deshalb überrascht es dann auch nicht, wenn wir etwa in der Apostelgeschichte von den ersten Christen lesen: „Sie blieben aber beständig in der Lehre der Apostel und in der Gemeinschaft und im Brotbrechen und im Gebet" (Apostelgeschichte 2,42). Das „Wir" des Glaubens scheint also von Anfang an von elementarer Bedeutung zu sein. Auch für das Gebet.

Nun kann man einwenden: Und was ist mit den vielen Gebeten im „Ich"-Modus, die in der Bibel ja nun auch nicht gerade selten vorkommen? „Ich will den Herrn loben allezeit" (Psalm 34,2). „Der Herr ist mein Hirte" (Psalm 23,1). „Aus der Tiefe rufe ich, Herr, zu dir" (Psalm 130,1). Um nur einmal ein paar bekannte Gebete zu zitieren. Nun darf man allerdings nicht dem Kurzschluss verfallen und das hier begegnende „Ich" mit dem verwechseln, was man etwa seit Beginn der Neuzeit unter „Individuum" versteht. Das „Ich" der Psalmen etwa ist meist eingebettet in ein kollektives „Wir", ja manchmal kaum davon zu unterscheiden. Neben allen persönlichen Anliegen spricht aus dem „Ich" des Beters auch immer der gemeinschaftliche Glaube Israels. Das führt nicht selten zu der stilistischen Kuriosität, dass in ein und demselben Psalm „Ich" und „Wir" munter wechseln. „Lobe den Herrn, meine Seele ... Er handelt nicht mit uns nach unsern Sünden" (Psalm 103,1.10).

Man fragt sich: Wer betet hier eigentlich? Der Einzelne oder die Gemeinschaft? Für den biblischen Glauben ist das offenbar keine grundsätzliche Alternative.

Von dort fällt dann auch auf die anderen scheinbar einzelnen Beterinnen und Beter der Bibel ein anderes Licht: Abraham, Mirjam, Mose, Hanna, Hiob, Jeremia, Judith, Maria, Stephanus, Paulus, Petrus und wie sie alle heißen. Nicht zuletzt Jesus selbst – ob in der Wüste, auf dem Berg oder im Garten Gethsemane. Auf den ersten Blick allesamt eindrucksvolle Beispiele des vielbeschworenen „einsamen Beters", der in heldisch-ringender Pose alleine vor „seinem" Gott steht. Bei Lichte besehen stehen diese Einzelnen aber gar nicht alleine vor „ihrem" Gott. Auch mit ihren ganz persönlichen Anliegen und individuellen Schicksalen, auch mit ihrem mitunter großen Alleinsein sind sie doch immer angebunden an ein größeres Ganzes. Selbst der völlig isolierte Jona im Bauch des Fisches betet noch Worte aus dem Psalmengut seines Volkes. Ja, man muss es wohl in aller Deutlichkeit so sagen: Der unter uns so beliebte Glaube als „Privatsache" findet jedenfalls in der Bibel überhaupt keinen Anhalt.

„Unser Vater ..." Wenn Jesus uns auffordert, so zu beten, radiert er damit keinesfalls unsere Individualität aus. Vielmehr macht er damit deutlich, dass *jedes* Gebet, auch ein noch so persönliches, an niemanden anderen gerichtet sein kann als an den, der der „Vater *aller*" (Epheser 4,6) ist. Wer „Vater *unser* ..." betet, behält also neben dem eigenen Anliegen gleichzeitig das Anliegen der Anderen mit im Blick. Melanie Behringer, frisch gebackene Olympiasiegerin im Frauenfußball, wird gefragt, ob sie vor einem Spiel für den Sieg ihrer Mannschaft bete. Behringers Antwort: „Ich habe das früher gemacht. Aber in der gegnerischen Mannschaft kann ein Spieler genau dasselbe beten. Und jetzt, was macht Gott?" Gute Frage. Wenn denn derselbe Gott, zu dem ich vertrauensvoll „mein Vater" sagen darf, gleichzeitig *unser* Vater", also der Vater *aller* ist.

So führt das „Unser" im Vaterunser geradewegs in eine ganz neue Dimension des Gebets: die *Fürbitte*. Und zwar ganz unabhängig davon, ob der Andere, für den ich bete, selber an Gott glaubt und zu ihm betet oder auch nicht. Der christliche Glaube glaubt ja nicht an einen, wie es manchmal heißt, „Christengott", sondern eben an den „Vater *aller*". In der Fürbitte solidarisiert sich der Glaube auch mit der nichtglaubenden und nichtbetenden Welt, weil er weiß, dass dieser Vater „seine Sonne aufgehen lässt über Böse *und* Gute und regnen lässt über Gerechte *und* Ungerechte" (Matthäus 5,45). Solange also eine christliche Gemeinde in ihre Fürbitte den „Anderen", den Außenstehenden, den fernen Nächsten, den Zweifler, den Atheisten und Spötter, ja den Bösen und Ungerechten nicht grundsätzlich miteinschließt, solange betet sie jedenfalls nicht von sich aus zu dem Herrn Himmels und der Erden. Solange betet sie nicht wirklich glaubwürdig: „Vater *unser* …"

Das alles hört sich nach einer ziemlichen Zumutung an. Und ist es sicher manchmal auch. Wenn man nur daran denkt, wie der Blick auf den „Anderen" – etwa in der Bergpredigt – geradezu auf die Spitze getrieben wird: „Segnet, die euch verfluchen; bittet für die, die euch beleidigen" (Lukas 6,28). Doch wo steht geschrieben, dass der Glaube grundsätzlich ohne Zumutungen auskommt? Was wir vielmehr lesen, ist, dass solche Zumutungen nicht notwendig zu einer Überforderung führen müssen: „Gott legt uns eine Last auf, aber er hilft uns auch" (Psalm 68,20). Wer hätte gedacht, dass so viel – Unbequemes, aber auch Entlastendes – in dem kleinen Wörtchen „unser" steckt?

3. Robert nicht mehr allein zu Haus

Kann Robert „auch zu Hause beten"? Selbstverständlich kann er das. Und es ist ihm wahrhaftig zu wünschen, dass er es nicht nur „kann", sondern tatsächlich auch tut. Und sofern er sich bei solch einem persönlichen Gebet vom Vaterunser inspirieren lässt, könnte es sein, dass er beim „Unser" nicht nur ins Stolpern, sondern vielleicht auch einmal in ein neues, heilsames Nachdenken gerät.

Es könnte nämlich sein, dass ihm über dem „Unser" klar wird, dass er als Christenmensch nicht allein auf der Welt ist. Weder im Angesicht der Geschichte noch im Angesicht der Gegenwart. *Geschichtlich* gesehen ist Robert ja nicht der Erste, der das Vaterunser spricht. Seit den Tagen Jesu haben unzählige Generationen genau diese Worte wieder und wieder gebetet, in ihrem Herzen bewegt und an Kinder und Kindeskinder weitergegeben. Auch Robert ist das Vaterunser von irgendjemandem vor ihm beigebracht worden. Vielleicht war es seine Mutter, vielleicht seine Kindergottesdiensthelferin, vielleicht sein Konfirmator. Und nun findet er sich – das Vaterunser betend – am Ende einer zweitausend Jahre langen Kette von Beterinnen und Betern wieder. Ein faszinierender Gedanke. Wer ihn einmal „hautnah" erleben möchte, begebe sich einfach in eine alte romanische Kirche. In solchem „Stein gewordenen Gebet" ist manchmal tatsächlich etwas zu spüren von der Faszination der betenden Generationenkette, in deren Reihe auch Robert stehen darf. Egal ob in einer romanischen Kirche oder „im Kämmerlein" zu Haus.

Wenn Robert das Vaterunser betet, ist er aber nicht nur geschichtlich gesehen, sondern auch *gegenwärtig* nicht mehr allein zu Haus. Es sind ja nicht nur die Menschen *vor*, sondern auch die Menschen *neben* ihm, die das Vaterunser beten. Robert ist schließlich nicht der einzige Christ auf der Welt. Überall – von Rumeln-Kaldenhausen bis Kuala Lumpur – beten auch heute noch jeden Tag Christinnen und Christen das „Gebet des Herrn". Gewiss gibt es unter den vielen christlichen Konfessionen zum Teil erhebliche Unterschiede. Indes: Das Vaterunser gehört nicht dazu. Es gehört zu den alle Christen verbindenden Gemeinsamkeiten. Wer auch immer seine Worte spricht, ist damit auf unsichtbare Weise mit der ganzen Christenheit auf Erden verbunden: Wahrhaftig, so könnte man mit Helmut Thielicke sagen, ein „Gebet, das die Welt umspannt". Geradezu eine Attacke auf die Einsamkeit. Ein weiterer faszinierender Gedanke.

Von dem her könnte dann für Robert auch der „Andere" ganz neu in den Blick kommen. Das „Unser" im Vaterunser könnte ihn nämlich davor bewahren, gewissermaßen zu einem „religiösen Spießer" zu werden, der bei seinem Gebet „im Kämmerlein" nur noch egozentrisch um sich selbst kreist und sich seinen privaten Gott nach eigenem Gutdünken zurechtbastelt. So wie uns im Alten Testament verschiedentlich von sogenannten „Hausgötzen" berichtet wird, die ihrem Besitzer vor allem zu Willen zu sein hatten. Jenes „Unser" könnte vielmehr Roberts Blick heilsam auf Situationen weiten, mit denen er möglicherweise gar nicht unmittelbar zu tun hat, die ihn aber trotzdem etwas angehen könnten: ferne Katastrophen, Hungersnöte, globale Ungerechtigkeiten, Flüchtlingsschicksale oder auch nur der „kranke Nachbar" aus Matthias Claudius' berühmtem Abendlied. Es wird seinen Grund haben, wenn die Bibel eindringlich dazu auffordert, „dass man vor allen Dingen Bitte, Gebet, Fürbitte und Danksagung für alle Menschen, für die Könige und für alle Obrigkeit tue" (1. Timotheus 2,1f). Manchmal ist es gar nicht so schlecht, wenigstens für einen Moment einmal von sich absehen zu dürfen. Insofern hätte die Fürbitte auch für Robert selbst ihr Gutes.

Und dann könnte es am Ende sein, dass das „Unser" im Vaterunser auch Robert noch einmal neu motiviert, vielleicht einmal sein „Kämmerlein" zu verlassen und die Wohltat eines gottesdienstlichen „Wir" aufzusuchen. Oder wollte er mit seiner Allerweltsweisheit, „auch zu Hause" beten zu können, etwa behaupten, dass er im Glauben prinzipiell keines Anderen bedürfe? Beziehungsweise umgekehrt, dass die christliche Gemeinde auf seine Anwesenheit grundsätzlich verzichten könne? Ernsthaft wird das wohl niemand annehmen dürfen. Doch was mag es dann sein, weshalb Robert partout und ausschließlich nur „zu Hause" beten möchte? Ach, ich vergaß, es ging ja eigentlich nur ums Ausschlafen. Oder noch um etwas ganz anderes? Jedenfalls auch hier wieder genügend Grund zum Nachdenken.

IV. „Im Himmel"

Kitsch ist etwas anderes

1. „I'm in heaven ..."

Auf der abendlichen Rückfahrt bleibe ich wieder einmal an WDR 4 hängen. „Musik zum Träumen". Wie sich bald herausstellt, hat die Ansagerin nicht zu viel versprochen: „Heaven, I'm in heaven ... and I seem to find the happiness I seek, when we're out together dancing cheek to cheek", umschmeichelt mich sogleich Frank Sinatras leicht angeraute Samtstimme. Nun, wer wollte es auch bezweifeln, dass ein romantischer Tanz Wange an Wange etwas Himmlisches an sich haben kann? „Ich tanze mit dir in den Himmel hinein, in den siebenten Himmel der Liebe", sangen bereits 1937 Lilian Harvey und Willy Fritsch. Seither können wir uns gar nicht mehr retten vor all den vielen „himmlischen" Nächten, „himmlischen" Traum-Urlauben und „himmlischen" Sahnedesserts. Himmel und „happiness" – das scheint irgendwie zusammenzugehören. Kein Wunder, dass der süße Hund in der Fernsehserie „Eine himmlischen Familie" auf den Namen „Happy" hört. Sein Herrchen, ein amerikanischer Pastor, muss es schließlich wissen. Jedenfalls scheint der Himmel vor Kitsch nicht grundsätzlich gefeit zu sein.

„Himmel" – es gibt wohl kaum ein Wort, das uns auf Anhieb so anrührt wie dieses. „Es war, als hätt' der Himmel die Erde still geküsst, dass sie im Blütenschimmer von ihm nun träumen müsst'.“ Nur ein Betonklotz wird sich dem Zauber des berühmten „Mondnacht“-Gedichts von Joseph von Eichendorff entziehen können. Der Himmel – das ist offenbar mehr als nur ein Teil unseres Kosmos. Mehr als das sichtbare Firmament über unseren Augen. Mehr als das, was die Engländer „sky“ nennen. Eben „heaven“. Aber worin besteht dieses „Mehr“? Und vor allem: Wie kommt nun der „Himmel“ ins Vaterunser hinein? Wenn es heißt: „Vater unser im Himmel …“, wo befindet er sich da eigentlich genau: „in sky“ oder „in heaven“? Oder noch ganz woanders? „Der Himmel ist kein Ort“ singt der Rap-Sänger in Dieter Wellershoffs gleichnamigem Roman: „Heaven is a feeling … not a place“. Auch kein Ort für Gott?

Als im April 1961 der sowjetische Astronaut Juri Gagarin von dem ersten bemannten Raumflug zurückkehrte, wusste er stolz zu berichten, er habe „da oben keinen Gott gesehen“. Von zahlreichen christlichen Kanzeln herab ist er daraufhin belächelt worden. Wie naiv müsse man denn sein, um solch eine atheistische Dummheit von sich zu geben? Jedes Kind wisse doch, dass Gott nicht irgendwo „da oben“ auf einer Wolke schwebe. Aber wenn wir jedem Kind erzählen, dass der Opa, der gestern gestorben ist, nun bei Gott „im Himmel“ sei, was soll ein Kind da anderes denken als blaues Gewölbe und weiße Wolken? Vielleicht war ja Gagarins spöttische Bemerkung gar nicht so dumm. Immerhin hat sie manchen Christenmenschen dazu gebracht, sich noch einmal ganz neu über „Vater unser im Himmel …“ Gedanken zu machen. „Our Father in heaven“ heißt es in der englischen Übersetzung des Vaterunsers. Wenn Gott also nicht „in sky“, sondern „in heaven“ ist, dieser aber gleichzeitig „kein Ort“ ist, wie uns Wellershoffs Rap-Sänger mitteilt, ja was ist der Himmel dann? Befindet sich etwa Gott nur im Gefühl („heaven is a feeling“) oder gar nur im Glück („happyness“). Oder am Ende noch ganz woanders?

Mal wieder eine Menge Fragen. Oder nicht doch eher wilde Spekulationen? Man darf jedenfalls gespannt sein, was nun eigentlich die Bibel zum Thema „Himmel" zu sagen hat.

2. Gott ist anders

„Unser Vater im Himmel", heißt es beim Evangelisten Matthäus. Wörtlich und wohl dem ursprünglichen aramäischen Sprachgebrauch entsprechend: „in den Himmeln". Warum sich der Evangelist Lukas nur auf die bloße Anrede „Vater" beschränkt, wissen wir nicht. Vielleicht war ihm der Hinweis, dass Gott „im Himmel" ist, einfach zu selbstverständlich, als dass er meinte, das nun noch eigens betonen zu müssen. Vielleicht reichte ihm einfach das kurze „Abba" als Ausdruck kindlichen Gottvertrauens. Aber auch das alles ist reine Spekulation. Fragen können wir ihn ja leider nicht mehr.

Matthäus jedenfalls spricht vom „Vater im Himmel". Und darin ist er beileibe nicht der einzige. Wenn man einmal ein wenig in der Bibel herumblättert, so kommt der Himmel eigentlich ziemlich häufig darin vor. Nicht selten auch mit eigenartigen Ergänzungen, wenn etwa von der „Feste des Himmels" oder den „Pforten", „Säulen" oder „Kräften des Himmels" die Rede ist. Im Neuen Testament lesen wir dann manches über das „Reich der Himmel". Und, und, und … Wir wollen versuchen, uns einen kleinen Weg durch die vielen Himmelserwähnungen zu bahnen, indem wir ein wenig sortieren. Wenn die Bibel von „Himmel" spricht, kann das nämlich durchaus verschiedene Dinge meinen, die aber doch miteinander zusammenhängen. Aber der Reihe nach.

Zunächst meint „Himmel" ganz schlicht das, was wir sehen, wenn wir nach oben gucken: das große Gewölbe über uns. Das, was die

Engländer eben „sky" nennen. Dieser „physikalische" Himmel ist nichts weiter als ein *Teil der Schöpfung.* „Am Anfang schuf Gott Himmel und Erde", heißt es bereits im ersten Satz der Bibel (1. Mose 1,1). Mit „Himmel und Erde" ist nun offensichtlich das *Ganze* der Schöpfung gemeint. Denn wenn wir es nicht in der Schule anders beigebracht bekommen hätten, würden auch wir heute noch, wenn wir den Fuß vor die Tür setzen, nicht mehr erblicken als eben den Erdboden unter uns und das Firmament über uns. Letzteres nennt Martin Luther in seiner Bibelübersetzung die „Feste" (1. Mose 1,6). Ist es die unendliche Weite der „Feste", ist es deren unermessliches Blau, ist es die majestätische Erhabenheit des geschöpflichen Himmels, die Menschen zu allen Zeiten in ihren Bann gezogen haben? Im Gegensatz zum Erdboden, mit dem wir ja ständig in unmittelbarem Kontakt stehen, ist uns das Himmelsgewölbe merkwürdig entzogen, ja geradezu entrückt und gerade deshalb wohl so faszinierend. Ich erinnere mich jedenfalls, dass ich als Kind einmal „Himmelszeichner" werden wollte. Noch heute liege ich bei Gelegenheit gerne auf einer Wiese und schaue eine Weile nach oben. Was für ein Kolossalgemälde: der Himmel ausgebreitet „wie ein Teppich" (Psalm 104,2).

Ob ähnliche Erfahrungen dazu geführt haben, wenn in der Bibel der Himmel gleichzeitig immer wieder auch als *Wohnort Gottes* erscheint? „Unser Gott ist im Himmel", heißt es lapidar in Psalm 115,3. Ja, mehr noch: „Der Herr hat seinen Thron im Himmel errichtet" (Psalm 103,19). Um die Größe und Erhabenheit Gottes zum Ausdruck zu bringen, lag es offenbar nahe, das erfahrbar Größte und Erhabenste, eben den sichtbaren Himmel, in Anspruch zu nehmen. Mehr noch: Das mächtige Gewölbe über uns strahlt ja auch etwas überaus Souveränes und Herrscherliches aus. In einer Welt von Königen und anderen Herrschern wird so auch die Wendung „Thron im Himmel" verständlich: Auch weltliche Macht bleibt grundsätzlich der Herrschaft Gottes untergeordnet. Dass Gott „im Himmel" ist, wird also so zu einer außerordentlichen *theologischen* Aussage.

Dass dieser „andere" Himmel („heaven"), also der „Wohnort" Gottes, in den biblischen Texten nun häufig so wenig von dem sichtbaren Himmel („sky") zu unterscheiden ist, ist schlicht dem Erkenntnisvermögen des damaligen Menschen geschuldet, dem unsere Schulweisheit ja noch nicht zur Verfügung stand. Uns kann es ja nur darum gehen, die *Botschaft* dieser Texte zu verstehen. Und mit der biblischen Rede vom „Himmel" haben wir bislang verstanden: Gott ist grundsätzlich „anders". Er ist uns nicht einfach zuhanden wie der Erdboden oder die Wiese, auf der wir gerade liegen. Er ist unserer Verfügung – eben wie das große Firmament über uns – zunächst einmal *entzogen*. Wir könnten auch sagen: Er bleibt der Freie, der Souveräne, der Herr. „Siehe, der Himmel und aller Himmel Himmel können dich nicht fassen", betet König Salomo (1. Könige 8,27). Einleuchtend, dass er immer wieder der „Weise" genannt wird.

Dieses grundsätzliche Anderssein Gottes hat nun für den biblischen Glauben noch einmal zwei Seiten, die allerdings auch wieder eng zusammengehören. In Psalm 36,6 lesen wir: „Herr, deine Güte reicht, so weit der Himmel ist, und deine Wahrheit, so weit die Wolken gehen." Hier dient die Größe und Weite des sichtbaren Himmels als Bild für Gottes Eigenschaften der Güte und Wahrheit (wörtlich: „Treue"), die so anders sind als menschliches Verhalten, nämlich unvergleichlich großzügig. „Er handelt nicht mit uns nach unsern Sünden und vergilt uns nicht nach unsrer Missetat", betet z. B. der 103. Psalm. Für uns, die wir gerne gemäß der uns zugefügten „Missetaten" – ob in Gedanken, Worten oder Werken – „vergelten", ein in der Tat sehr anderes Verhalten. Verständlich, dass der Beter dieses „andere" Handeln Gottes dann mit der Größe des

Himmels vergleicht: „Denn so hoch der Himmel über der Erde ist, lässt er seine Gnade walten über denen, die ihn fürchten. So fern der Morgen ist vom Abend, lässt er unsre Übertretungen von uns sein." Morgen und Abend, also die beiden gegenüberliegenden Himmelsrichtungen Ost und West – für einen Menschen, der mit seiner Ziegenherde vielleicht gerade durch das Jordantal zieht, die denkbar größte Entfernung.

Dass Gottes Anderssein indes nicht immer nur als pure Wohltat empfunden wird, sondern auch auf Unverständnis stoßen kann, zeigen andere biblische Aussagen. So heißt es etwa beim Propheten Jesaja eher seufzend von Gott: „Meine Gedanken sind nicht eure Gedanken, und eure Wege sind nicht meine Wege, spricht der Herr, sondern so viel der Himmel höher ist als die Erde, so sind auch meine Wege höher als eure Wege und meine Gedanken als eure Gedanken" (Jesaja 55,8f). Auch das sehr nachvollziehbar: Wer von uns hätte nicht schon einmal laut oder verborgen darüber Klage geführt, dass er Gottes Wege einfach nicht versteht? Dass er sein Handeln oder auch „Zulassen" als merkwürdig fern, fremd oder gar ungerecht empfindet? Das ist die andere Seite des Andersseins Gottes. So wie der schuldlos leidende Hiob, der Gottes Handeln nicht nur als „anders" und unverständlich, sondern geradezu als Ausdruck seiner Ungerechtigkeit, ja sogar „Feindschaft" ihm gegenüber empfindet (Hiob 16,9). Theologische Korrektheit sieht sicher anders aus.

3. Nicht den Engeln und Spatzen überlassen

Auf die Frage, warum im Vaterunser das „im Himmel" hinzugefügt ist, antwortet der Heidelberger Katechismus in der ihm eigenen Nüchternheit: „Wir sollen von der himmlischen Hoheit Gottes nichts Irdisches denken." (Frage 121) Damit trifft er einen empfindlichen Nerv. Aber ja, natürlich hätten wir lieber einen Gott, der *nicht* im Himmel ist. Einen Gott, von dem wir – mit dem Heidelberger gesprochen – eben „irdisch" denken können. Einen Gott, den man mal so mir nichts, dir nichts herbeizitieren kann. Der unseren vielen kleinen und großen Wünschen und Begehrlichkeiten flugs zu Diensten ist. Und der am Ende genauso ist, wie wir uns das denken oder gar gerne hätten. Doch der biblische Himmel sagt uns: „Wir sollen von der himmlischen Hoheit Gottes nichts Irdisches denken." Das kann oft sehr befreiend, aber manchmal sicher auch sehr bitter sein.

Ich stelle mir noch einmal den Beter des 36. Psalms vor. Vielleicht liegt auch er auf irgendeiner Wiese und streckt alle Viere von sich. Über ihm die majestätische Weite, das unendliche Blau, die langsam dahinziehenden Wolken. Und schon gehen ihm so diese und jene Gedanken durch den Kopf. Vielleicht ist es irgendein Ärger, in dem es mal wieder darum ging, wer Recht hat. Vielleicht ist es irgendeine Last, die er mit sich herumschleppt. Vielleicht irgendeine Ratlosigkeit, wo er nicht mehr weiß, wie es weitergehen soll. Und dann schaut er wieder in die große Weite des Himmels und denkt sich: Genau! Genau so ist Gott. Ganz anders, als ich das täglich in meinem kleinen Leben erfahre. „Herr, deine Güte reicht, so weit der Himmel ist, und deine Wahrheit, so weit die Wolken gehen." Gott sei Dank ist Gott anders. Gott sei Dank gibt es noch eine andere Wirklichkeit als die, in der immer nur Gleiches mit Gleichem vergolten wird. Gott sei Dank gibt es noch eine andere Liebe, die gerade nicht „wie Gras und Ufer", also vergänglich ist, sondern *bleibt*. Es gibt nicht wenige Menschen, denen dieses Anderssein Gottes, dieses „im Himmel" im Vaterunser zu einem großen Trost geworden ist, gerade weil sie oft an der Borniertheit, Gnadenlosigkeit und Unbarmherzigkeit ihrer Mitmenschen verzweifelt sind.

Und doch müssen wir konstatieren, dass das „im Himmel" auch zur Beschwer werden kann. Dass Gott uns manchmal so fern, so fremd und unverständlich erscheint, kann einem ja auch zur Anfechtung werden. Einer Anfechtung, die übrigens auch den biblischen Menschen nicht fremd ist. „Herr, warum stehst du so ferne, verbirgst dich zur Zeit der Not?" (Psalm 10,1) So betet einer, der an der Weite und Ferne eines „Vaters im Himmel" auch irrewerden kann. Da sieht sich ein Mädchen der fortlaufenden Hänselei durch seine Mitschülerinnen ausgesetzt. Da verliert ein Familienvater völlig unverschuldet seinen Arbeitsplatz. Da wird eine junge Mutter vom Krebs dahingerafft. Da werden wir fast tagtäglich in der Tagesschau Zeuge von Gewalt und Blutvergießen. Ja, da will einem das „im Himmel" wohl eher bitter über die Lippen kommen. Und wir wünschten uns wahrhaftig endlich einmal einen Gott, der seinen Wohnort eben nicht nur „im Himmel", sondern eben auch einmal „auf Erden" nehmen möchte. Und von dem wir – ja, auch – einmal etwas „Irdisches" nicht nur „denken", sondern auch handgreiflich erfahren könnten.

Mir fällt auf, dass das „im Himmel" im Vaterunser diese Spannung nicht aufhebt, sondern stehen lässt. Das scheint mir geradezu stellvertretend zu sein für eine Spannung, die für unseren Glauben, vielleicht sogar für unser Leben im Ganzen typisch ist. In allem Vertrauen zum „Vater" leben wir eben nicht mehr im Paradies, nicht mehr diesseits, sondern – um es mit einem bekannten Romantitel zu sagen – *jenseits* von Eden". Wir leben in einer gefallenen und gebrochenen Welt. Hin- und hergerissen zwischen Geborgenheit und Ausgeliefertsein, Zuversicht und Bangen, Liebe und Gewalt. Doch für den Glauben ist das nicht die ganze Wahrheit. Es gibt für ihn auch die Gewissheit – vielleicht manchmal gegen allen Augenschein – dass jene Spannung einmal aufgehoben wird. Dass da noch etwas aussteht. Dass das letzte Wort über einen Himmel, der nicht nur wohltuend anders, sondern oft auch grausam fern ist, noch längst nicht gesprochen ist. Wer „Vater unser im Himmel betet", tut das auch auf *Hoffnung* hin. Nämlich im Vertrauen in die Verheißung auf einen – man staune – „*neuen* Himmel und eine *neue* Erde" (Offenbarung 21,1).

Es gibt also einige Gründe, weshalb der Evangelist Matthäus in seiner Version des Vaterunsers das Wörtchen „im Himmel" hinzugefügt hat. Unser Kitschbedürfnis kommt bei ihm jedenfalls nicht auf seine Kosten. Auch ist er offenbar überhaupt nicht gewillt, den Himmel – etwa gegen den erklärten Rat Heinrich Heines – einfach nur „den Engeln und den Spatzen" zu überlassen. Schade, dass uns der Evangelist Lukas die Gründe für sein Weglassen nicht verraten hat.

V. „Geheiligt werde dein Name"

Die Wiederentdeckung
der Ehrfurcht

1. Namen machen Leute

Bewundernd, fast schon ein wenig ehrfürchtig stehe ich vor Tante Irmhilds Glasvitrine. Vor mir ihre eindrucksvolle Ausstellung schmucker Sammeltassen. Besonders die eine mit dem historischen Bild von der Müngstener Brücke hat es mir angetan. Ob ich die mal herausnehmen und des Näheren betrachten darf? „Gerne. Aber sei bitte vorsichtig. Die ist mir nämlich ganz besonders heilig." Heilig? „Ja, mein Vater hat sie damals meiner Mutter zur Verlobung geschenkt. Das war 1927. Und Müngsten, weil unter der Brücke … na, das kannst du dir ja denken."

Alles Mögliche kann ich mir denken. Doch meine Gedanken bleiben für einen Moment an etwas anderem hängen. „Heilig" hat Tante Irmhild gesagt. Genauer: „besonders heilig". Bislang ist mir dieses Wort eigentlich nur irgendwo im Umkreis von Kirche begegnet. Die Heiligenfiguren in St. Marien fallen mir ein. Auch dass der Papst letztens Mutter Teresa heiliggesprochen hat. Gudrun seinerzeit aus der Nebenklasse lief nach Aussage ihrer Mitschüler „dauernd mit einem Heiligenschein" herum. Aber das war wohl nicht als Kompliment gemeint. Dann unser Glaubensbekenntnis: „Ich glaube an den Heiligen Geist, die heilige christliche Kirche, Gemeinschaft der Heiligen." Ja, und natürlich das Vaterunser: „Geheiligt werde dein Name."

Doch Moment. Genau genommen ist hier ja gar nicht von „heilig" die Rede, sondern von *„heiligen"*. Ein merkwürdiges Tätigkeitswort, bei dem mir so schnell gar keine Beispiele einfallen wollen. Meint „heiligen" so etwas wie „heilig *machen*"? Das hieße dann ja, etwas, was vorher noch nicht heilig war, *wird* es nun erst – eben durch eine bestimmte Tätigkeit. Das würde an den Papst und Mutter Teresa erinnern. Oder meint „heiligen" so etwas wie „für heilig *halten*"? Das würde dann bedeuten, dass man etwas, was zuvor bereits heilig war, nun auch als solches *ansieht* und vielleicht auch entsprechend *behandelt*. Das wiederum würde an Tante Irmhild und ihre Sammeltasse mit der Müngstener Brücke erinnern. Eins jedenfalls scheint sich durch alle Beobachtungen hindurchzuziehen: Bei „heilig" und womöglich auch bei „heiligen" scheint es irgendwie um etwas *Besonderes* zu gehen.

Da haben wir es mit dem zweiten Teil dieser Vaterunser-Bitte offenbar einfacher: „… dein *Name*". Was ein Name ist, weiß jedes Kind. Vor allem, was ein besonderer Name ist. Mir fällt jedenfalls auf, dass es heutzutage kaum noch zwei Kinder gleichen Namens gibt. Während zu meiner Zeit in jeder Klasse gleich mehrere Günthers oder Hannelores saßen, so haben inzwischen viele Eltern offenbar den Ehrgeiz, dass ihr Kind einen einzigartigen, eben *besonderen* Namen haben muss. Abgesehen von der einen oder anderen sicher unfreiwilligen Komik kann man darin vielleicht auch eine Art Wertschätzung des Kindes erkennen. Dies ist eben nicht irgendein Kind, sondern „Zarina" oder „Gilian-Flávio". Weit und breit keine zweite Zarina und kein zweiter Gilian-Flávio zu sehen.

Doch dann denke ich wieder: Sind Namen nicht auch irgendwo „Schall und Rauch"? Täuscht manche namentliche Einzigartigkeit nicht auch eine Besonderheit vor? Sind Zarina und Gilian-Flávio denn tatsächlich einmaliger, origineller und womöglich weniger angepasst als die vielen Günthers und Hannelores zu meiner Zeit? Wenn man einmal die zahllosen Geburtsanzeigen in der Samstagausgabe der Tageszeitung durchsieht, kann man den Eindruck gewinnen, als wenn nicht nur – mit Gottfried Keller zu reden – „Kleider", sondern eben auch Namen „Leute machen" sollen.

Dass Namen mehr sein können als Schall und Rauch, hat eine lange Tradition. Im Altertum sagte der Name eines Menschen häufig auch etwas über dessen Herkunft, Schicksal oder sogar Wesen aus. Selbst in der Bibel begegnet uns mehr als einmal dieses Phänomen. „Adam" z. B. heißt schlicht „Mensch" oder „Eva" – weil Mutter aller Lebenden – „Leben" (1. Mose 3,20). „Jakob", der jüngere Zwilling, bedeutet „Fersenhalter" (1. Mose 25,26). Einmal wird er von seinem älteren Bruder, was nach dem hebräischen Stamm des Wortes „Jakob" auch möglich ist, der „Hinterlistige" genannt (1. Mose 27,36). Wer die Geschichte von Jakob und Esau kennt, weiß warum. Und wenn später in der Christenheit Eltern ihre Kinder etwa „Dorothea" (zu Deutsch „Gottesgeschenk") oder „Traugott" nannten, hatte das offenbar mehr als eine ästhetische Bedeutung. Manchmal war es wohl auch eine Art pädagogisches Programm. Selbst die vielen „Hannelores" und „Günthers" zu meiner Zeit waren nicht selten Erinnerung an eine zu früh verstorbene Oma oder einen im Krieg gefallenen Onkel.

Aber nun geht es im Vaterunser ja nicht um irgendeinen, sondern um „deinen", also um *Gottes* Namen. Hat Gott überhaupt einen Namen? Und wenn ja, mit welcher Bedeutung? Kann man denn seinen Namen in irgendeiner Weise mit den vielen „Hannelores" und „Günthers", von mir aus auch „Evas" und „Traugotts" oder „Zarinas" und „Gilian-Flávios" auf eine Stufe stellen? Und was soll in dem Zusammenhang am Ende jene merkwürdige Bitte, seinen, also Gottes Namen zu „heiligen", bedeuten? Wieder einmal mehr als nur eine Frage. Aber das hat ja mittlerweile schon Tradition.

2. Sein Name – das pure Evangelium

Um auf die Spur zu kommen, was biblisch gesehen mit der Bitte „geheiligt werde dein Name" gemeint ist, konzentrieren wir uns zunächst auf die Frage, was es überhaupt mit dem Namen Gottes auf sich hat. Für das Volk Israel war und ist hier eine Geschichte aus dem Alten Testament von grundlegender Bedeutung, die Geschichte von der Berufung des Mose. Sie könnte vielleicht auch uns bei dem Versuch, das Vaterunser zu verstehen, weiterhelfen. Wir finden diese Geschichte in 2. Mose 3.

Dort wird berichtet, wie der Schafhirte Mose in der Wüste eine, wie es heißt, „wundersame Erscheinung" hat. Er sieht einen brennenden Dornbusch, der aber durch den Brand „doch nicht verzehrt" wird. Bei näherem Hinzutreten vernimmt er mit einem Mal eine Stimme: „Ich bin der Gott deiner Väter Abraham, Isaak und Jakob. Ich habe das Elend meines Volkes gesehen. Ich will sie erretten aus der Hand der Ägypter und sie herausführen in ein gutes und weites Land, in ein Land, darin Milch und Honig fließen." Und: „Ich will dich zum Pharao senden, damit du mein Volk aus Ägypten führst." Für Mose, dem das jahrhundertelange Schicksal seines Volkes in der ägyptischen Knechtschaft mehr als vertraut ist, eine geradezu unglaubliche Botschaft. Befreiung aus Unterdrückung und Sklaverei in Sicht! Und er, der kleine Hirte, soll dabei an entscheidender Stelle mitwirken. Unfassbar. Doch dann tut sich ein Problem auf: Wird man ihm diesen Auftrag überhaupt abnehmen? „Wenn sie mich fragen, wer mich gesandt hat, was soll ich sagen? Was ist sein Name?"

Die anschließende Antwort Gottes gehört wohl zu den geheimnisvollsten Stellen der ganzen Bibel. Im hebräischen Urtext folgt nämlich ein Satz, den man sehr unterschiedlich übersetzen kann. Entweder mit „Ich bin, der ich bin" oder mit „Ich werde sein, der ich sein werde" oder vielleicht auch mit „Ich erweise mich als der ‚Ich bin da'". Das Geheimnisvolle an diesem Satz ist, dass er einerseits eine Art *Selbstvorstellung* Gottes darstellt („ich bin"), wobei der Zusammenhang dieser Geschichte sehr anschaulich zeigt, als *wer* sich Gott seinem Volk darstellt: Dieser „Ich bin, der ich bin" ist nämlich so für sein Volk „da", dass er es in der Not nicht vergisst, dass er sein Elend sieht, dass er es in die Freiheit führt und ihm schließlich eine andere Zukunft verheißt. Das „Ich bin" enthält also zunächst die Botschaft einer rettenden und befreienden *Zuwendung* Gottes zu seinen Menschen.

Andererseits entzieht sich diese Selbstvorstellung Gottes allein durch ihre sprachliche Mehrdeutigkeit jeder menschlichen Verfügung. Wir können Gott bei Nennung seines Namens nicht einfach festnageln, so als habe er gefälligst, sobald wir ihn anrufen, für uns „da" zu sein. Wenn Gott sich uns zuwendet, bleibt das seine freie Entscheidung, die unbedingten Respekt verlangt. Das ist wohl der Hintergrund einer Besonderheit in der jüdischen Frömmigkeit, wenn es um den Namen Gottes geht. Den hebräischen Wortlaut des „Ich bin, der ich bin" kann man nämlich – wiederum im Hebräischen – in vier Buchstaben zusammenfassen: JHWH, das sogenannte „Tetragramm". Später wird diese nur aus Konsonanten bestehende Buchstabenfolge mit Vokalen versehen, die wiederum dem hebräischen Wort für „Herr" entnommen sind. Nach christlicher Lesart wurde so daraus der Gottesname „Jahwe", manchmal –

etwa in alten Chorälen – auch „Jehova". „Dir, dir, Jehova, will ich singen ...," dichtete z. B. 1695 Bartholomäus Crasselius. Doch für jüdische Ohren ein Unding. Warum?

Weil im Judentum seit alters das Tetragramm überhaupt nicht ausgesprochen wird. Bis heute nicht. Man könnte ja, so die Befürchtung, Gefahr laufen, den geheimnisvollen Namen Gottes irgendwann einmal unkorrekt auszusprechen und damit gegen das dritte Gebot zu verstoßen, wo es heißt: „Du sollst den Namen des Herrn, deines Gottes, nicht missbrauchen!" (2. Mose 20,7) Wenn in der hebräischen Bibel, also unserem Alten Testament, das JHWH auftaucht, so spricht der fromme Jude immer eine umschreibende Nennung des Namens Gottes aus: „der Ewige", „der Heilige", „der Lebendige", „der Erhabene" oder einfach auch nur „der Name" (hebräisch: „ha-Schem"). Man fühlt sich – im guten Sinne – fast an Tante Irmhild erinnert: „Sei bitte vorsichtig."

Der Geschichte vom brennenden Dornbusch können wir also verschiedene überaus wichtige Erkenntnisse entnehmen. Als Erstes, dass der dort genannte Name Gottes nicht nur etwas Besonderes wie „Zarina" oder „Gilian-Flávio", sondern etwas völlig Außergewöhnliches und Einmaliges ist. Etwas, das nur Gott und sonst keinem zukommt. Als Zweites, dass uns bereits in diesem Namen die Grundbotschaft der gesamten Bibel entgegentritt, nämlich Gottes unbedingte Zuwendung zu seinen Menschen. Man kann sagen: das pure Evangelium. Als Drittes erkennen wir, dass Gott auch in seiner Zuwendung nicht einfach der unserem Wünschen und Wollen Unterworfene ist, sondern stets der Freie und Souveräne bleibt. Und schließlich – das wäre vielleicht von der etwas fremd erscheinenden jüdischen Frömmigkeitspraxis zu lernen –, dass dieser Name von uns einen äußerst behutsamen und respektvollen Umgang verlangt. Nennen wir es einmal vorläufig: *Ehrfurcht*.

Damit sind wir nun vielleicht auch den Wörtern „heilig" und „heiligen" ein wenig auf der Spur. „Heilig" kommt in der Bibel sehr häufig vor. Es bezeichnet vor allem die einzigartige, nur ihm zukommende „Eigenschaft" Gottes. Denn zunächst einmal ist nur *er* und sonst keiner heilig. „Es ist niemand heilig wie der Herr", singt Hanna in ihrem Loblied (1. Samuel 2,2). „Heilig" bezeichnet also, wenn man so will, *formal* die völlige Einzigartigkeit Gottes. Es bezeichnet aber gleichzeitig auch *inhaltlich* sein einzigartiges „anderes" Wesen und Handeln. Wir erinnern uns an den „Himmel". Mit den Worten Marias, die ebenfalls die Heiligkeit Gottes besingt: „Seine Barmherzigkeit währt von Geschlecht zu Geschlecht" (Lukas 1,50).

Wenn es nun im Vaterunser heißt, dass „sein Name geheiligt werde", so kann das gar nicht bedeuten, dass wir Gottes Namen und damit Gottes Wesen und Handeln etwa durch unser Verhalten sozusagen heilig „machen". Gott ist auch ohne unser Zutun heilig. „Heilig, heilig, heilig ist der Herr Zebaoth, alle Lande sind seiner Ehre voll!" rufen die Engel in der Berufungsgeschichte des Propheten Jesaja (Jesaja 6,3). Wir müssen uns nicht einbilden, der Heiligkeit Gottes durch unser „Heiligen", womöglich durch unser Wohlverhalten auf die Sprünge zu helfen. Was aber kann dann das „Heiligen" im Vaterunser bedeuten? Martin Luther erklärt es so: „Gottes Name ist zwar an sich selbst heilig; aber wir bitten in diesem Gebet, dass er auch bei uns heilig werde." Wieder einmal ein typisch Lutherscher Geniestreich. Denn er wahrt einerseits die Souveränität Gottes („an sich selbst heilig") und entlässt uns andererseits nicht aus der Verantwortung („bei uns heilig werde").

Heiligung des Namens Gottes und Verantwortung? Da wird man doch noch einmal ein wenig genauer – im wörtlichen Sinne – „nach"denken dürfen.

3. Sein Licht leuchten lassen. Aber wozu?

Es ist ja nicht so, als wenn der Name Gottes gar nicht mehr unter uns vorkäme. Wenn man nur einmal in unsere Alltagssprache hineinhört, merkt man rasch, wie häufig, wie gedankenlos, wie inflationär uns dort „Gott" begegnet. Wie oft „mein Gott" oder „o Gott" oder „du lieber Gott" oder „um Gottes willen" oder auch nur ein oberflächliches „Gottseidank". Gewiss muss man nicht jedem „o Gott" gleich die Absicht einer Gotteslästerung unterstellen. Aber wundert es, dass Gott für viele Menschen mehr und mehr an Bedeutung verliert, wenn wir allein mit der Nennung seines Namens so schluderig umgehen? Wir müssen jüdische Frömmigkeit nicht in allen Einzelheiten übernehmen. Aber wir könnten von ihr doch noch einmal neu so etwas wie Respekt eben auch vor der Aussprechung des Namens Gottes lernen. Wir könnten uns doch – auch in unserer Alltagssprache – einer gewissen Disziplin unterziehen, allein das Wort „Gott" nicht so gedankenlos, nicht so inflationär im Munde zu führen. Doch es geht bei dem Respekt vor dem Namen Gottes nicht nur um Vermeidung. „Heiligen" ist ja eine *aktive* Tätigkeit. Der Heidelberger Katechismus nennt diese: Gott „rühmen und preisen in allen deinen Werken" (Frage 122). Also das schlichte Lob Gottes. Das ist wohl das erste Gegenmittel gegen die „Gottesvergiftung" unserer Sprache.

Respektlosigkeit vor dem Namen Gottes zeigt sich aber mehr noch, wo wir mit dem Namen Gottes inhaltlich so umgehen, als handele es sich hier gar nicht um den Gott Himmels und der Erden, sondern allenfalls um ein harmloses Väterchen. „Wir glauben an den lieben Gott und ham uch immer Durscht", singen die Höhner im Kölner Karneval. So als könne Gott am Ende ebenso gut „Hanswurst" heißen. Doch wir müssen in dieser Sache nicht mit dem Finger auf andere zeigen. In wie vielen Predigten, Andachten, weihnachtlichen Ansprachen oder frommen Traktaten kommt der „liebe Gott" nur noch als belanglose Vokabel vor. Dietrich Bonhoeffer spricht in dem Zusammenhang sogar von einem „Missbrauch des Namens Gottes im Guten". „Er geschieht, wenn wir den Namen Gottes so selbstverständlich, so oft, so glatt und vertraulich im Munde führen, dass wir dem Wunder seiner Offenbarung Abbruch tun." Nein, nicht jede Nennung Gottes ist bereits eine Heiligung seines Namens.

Im Gegenteil. Neben der Respektlosigkeit „im Guten" gab und gibt es ja nun leider auch eine massive Respektlosigkeit „im Bösen" gegenüber dem Namen Gottes. Wie viele Kreuzzüge und Eroberungen sind in seinem Namen geführt, wie viele Menschen in seinem Namen gequält worden. Wie viele Soldaten sind mit „Gott mit uns" auf den Koppelschlössern in verbrecherische Kriege gezogen. Wie viele Napalmbomben wurden in Gottes Namen „gesegnet", um anschließend Menschen, Dörfer, Tiere und Felder zu verbrennen. Auf der amerikanischen One-Dollar-Note wird bis heute der Name Gottes zitiert („In God we trust"), umgeben von zahlreichen geradezu religiösen Symbolen eines hemmungslosen Kapitalismus, dessen verheerende Auswirkungen wir mehr und mehr zu spüren bekommen.

Doch die Bitte um Heiligung des Namens Gottes, nämlich dass dieser, wie Luther sagt, „auch bei *uns* heilig werde", nimmt uns am Ende noch einmal ganz persönlich in die Pflicht. Der Heidelberger Katechismus formuliert es so: „Gib uns auch, dass wir unser ganzes Leben darauf richten, dass dein Name unsertwegen nicht gelästert, sondern geehrt und gepriesen werde." Offenbar können wir mit unserer Art zu leben dem Namen Gottes Ehre, aber auch Unehre machen. Ich erinnere mich an unseren alten, vom Krieg gebeutelten Musiklehrer. Er war einer, der, wie man sagt, „sich nicht durchsetzen konnte". Wieder einmal war er von unserem unbarmherzigen Schabernack fast in den Wahnsinn getrieben worden. Doch plötzlich wurde es still in der Klasse. Der Alte sah uns unendlich traurig und enttäuscht an und sagte bloß: „Und ihr wollt Christen sein." Bis heute löst diese Erinnerung in mir ein Gefühl der Scham und der Schuld aus. Jedenfalls war unser grausames pubertäres Verhalten ganz und gar nicht dazu angetan, dass „sein Name unsertwegen geehrt und gepriesen" werden konnte.

Genau das aber ist wohl der positive Sinn der Bitte um die Heiligung des Namens Gottes. „Ihr seid das Licht der Welt", heißt es in der Bergpredigt. „So lasst euer Licht leuchten vor den Leuten, damit sie eure guten Werke sehen und euren Vater im Himmel preisen." (Matthäus 5,14.16) Man kann lange darüber nachdenken, wie solche Werke wohl aussehen könnten. Gute Werke, mit denen wir uns vor allem *selber* einen Namen zu machen suchen, gibt es ja bereits genug. Aber solche, um derentwillen andere Leute den Namen *Gottes* preisen? Da wird man doch schon ein wenig einsilbiger. Ich jedenfalls müsste schon etwas ausführlicher überlegen, wann jemand das letzte Mal über meinem Verhalten in das Lob Gottes ausgebrochen wäre.

VI. „Dein Reich komme"

Sehnsucht nach einer anderen Welt

1. „Mein Reich"

„So, das hier ist nun mein Reich." In Sonjas Stimme war ein leicht stolzer Unterton nicht zu überhören. Gerade war sie dabei, mir ihren neuen Arbeitsplatz zu zeigen: Kontaktstelle für Selbsthilfegruppen. Den freundlichen Eingangsbereich mit den vielen Flyern, die Räume der beiden Kolleginnen, die kleine Küche und den Kopierraum hatten wir bereits hinter uns. Nun war sie selbst an der Reihe: „Das hier ist nun mein Reich." Obwohl sie erst vor ein paar Tagen hier eingezogen war, war Sonjas unverwechselbare Handschrift jetzt schon deutlich zu erkennen: der aufgeräumte Schreibtisch, der ergonomisch gut platzierte PC, die vielen sauberen Ordner, der stattliche Stapel Fachliteratur im Regal, auf der Fensterbank die altrosafarbene Zimmerazalee und der unvermeidliche Miró an der Wand. Ohne Zweifel: ihr Reich.

Obwohl das Wort „Reich" im Politischen – aus sicher nachvollziehbaren Gründen – ein wenig aus der Mode geraten ist, hat es im Kleinen doch seine Bedeutung behalten. Und auch das hat seine guten Gründe. Es gehört zu unseren ungeschriebenen Persönlichkeitsrechten, dass wir einem Menschen mindestens einen Bereich zubilligen, in welchem nur er das Sagen hat. Ein solcher Bereich mag je nach sozialem oder beruflichem Status einen unterschiedlichen Umfang haben, bei dem einen oder anderen vielleicht sogar nicht mehr sein als der eigene kleine Winkel in der Wohnung oder der persönliche Spint im Turnverein, in „meinem Reich" bin ich – und eben *nur* ich – ein kleiner König. Ausgestattet mit allen herrscherlichen Funktionen, die Dinge nach eigenem Gutdünken bestimmen und gestalten zu können. Und wenn es nur die altrosafarbene Zimmerazalee auf der Fensterbank ist.

„Dein Reich komme", heißt es im Vaterunser. Das wirft doch sogleich die Frage auf, ob Gott auch so einen Bereich hat, in dem er – und nur er – das Sagen hat. Ob wir uns das dann auch als eine Art Königreich vorzustellen haben, so wie wir das etwa aus den Märchen kennen. Oder auch von Sonjas Arbeitsplatz. Und wenn ja, wo dieses Reich zu suchen ist, welchen Umfang es hat und wo seine Grenzen verlaufen. So wie die Grenzen von Sonjas „Reich" ja klar dort zu sehen sind, wo eben die Arbeitsbereiche ihrer Kolleginnen beginnen. Und schließlich: wie man sich hier, also in Gottes Reich, so etwas wie herrscherliche Funktionen zu denken habe.

Zudem wird im Vaterunser ja nicht nur festgestellt, dass es ein solches „Reich" irgendwo *gibt*. Es wird vielmehr die Bitte ausgesprochen, dass es *„komme"*. Kommen setzt ja – und jetzt wird es vielleicht ein wenig philosophisch – eine *Entfernung* voraus. Und zwar sowohl eine räumliche als auch eine zeitliche. Wenn wir etwa sagen, dass „ein Gewitter kommt", dann ist damit gleichzeitig gesagt, dass dieses Gewitter zunächst einmal *räumlich* entfernt ist, sofern es sich eben *woanders* und nicht hier aufhält. Und *zeitlich*, sofern es sich eben erst *zukünftig* und nicht jetzt über uns entladen wird. *Kommen* bedeutet nun, dass etwas nicht in seiner räumlichen oder zeitlichen Entfernung verharrt, sondern sich auf uns zu bewegt. Und auch dies, dass es dabei in der Regel irgendetwas in uns auslöst: sei es Freude, Neugier, Unsicherheit oder Angst. Ein kommendes Gewitter etwa verbreitet bei vielen Menschen Furcht und Schrecken. Während seinerzeit bei mir etwa die Ankündigung, dass demnächst Großmutter zu Besuch kommen würde, große Vorfreude auslöste.

Was meinen wir eigentlich, wenn wir beten und bitten: „dein Reich komme"? Setzen wir da auch voraus, dass Gottes Reich grundsätzlich entfernt ist? Räumlich wie zeitlich? Dass es also grundsätzlich woanders ist, nur nicht hier? Und dass es grundsätzlich erst in Zukunft da ist, nur nicht jetzt? Oder lässt sich das Kommen des Reiches Gottes gar nicht mit philosophischen Kategorien, also etwa mit Begriffen wie „Raum" und „Zeit" erfassen? Und auch dies: Was löst das Kommen des Reiches Gottes eigentlich bei uns aus? Furcht oder Freude oder womöglich gar nichts?

Und weiter: Das Wort „Reich" kann ja auch – außer wenn es um Sonjas Arbeitsplatz geht – einen durchaus missverständlichen Beigeschmack haben. Man muss vielleicht nicht gleich die unselige deutsche „Reichs"-Vergangenheit mit ihrem „Reichsführer", ihren „Reichsparteitagen" und „Reichsautobahnen" zitieren. Auch heute noch gibt es viele staatliche Gebilde, die sich „Reich" nennen, etwa das „Vereinigte Königreich" der Briten oder das „Königreich Tonga". Wenn wir nun – ohne uns weitere Gedanken zu machen – auch im Vaterunser das Wort „Reich" in den Mund nehmen, besteht zumindest die Gefahr, dass dabei die eine oder andere *unserer* „Reichs"-Vorstellungen in das Verständnis des Vaterunsers einfließt. Ob wir damit aber *dem* Reich, um das wir bitten, gerecht werden, steht dahin.

Wieder einmal also höchste Zeit, zur Bibel zu greifen und nach Orientierung zu suchen.

2. Anbruch eines heilsamen Geschehens

Das griechische Wort im Neuen Testament, das in unserem deutschen Vaterunser mit „Reich" übersetzt ist (basileia), bedeutet wörtlich: „Königsherrschaft". „Herrschaft" bezeichnet ja genau genommen gar keinen *Bereich*, so wie es das Wort „Reich" nahelegt, sondern ein *Geschehen*. Und zwar ein Geschehen, in welchem *Macht* ausgeübt wird. „Macht" und „Herrschaft" haben nun allerdings in unserer Sprache nicht immer den besten Klang. Wir denken da rasch an Fremdbestimmung oder gar Unterdrückung. Dabei geht es bei der Ausübung von Macht zunächst einmal um einen völlig „neutralen" Vorgang. Überall auf der Welt wird ja ständig Macht ausgeübt – im Kleinen wie im Großen. Überall bestimmt ja irgendjemand, was in einem bestimmten Bereich zu geschehen hat. Ob ich in meiner Küche, Sonja an ihrem Arbeitsplatz oder eine politische Führung in ihrem Land. Damals vielleicht ein König, heute in der Regel eine Regierung. Dass dabei – leider – Macht auch immer missbraucht werden kann, steht auf einem anderen Blatt.

Die Frage ist also vor allem, *wie* Macht und Herrschaft ausgeübt werden. Gut oder schlecht. Ein guter König übt seine Herrschaft ganz einfach so aus, dass es dem ihm anvertrauten Volk eben gut geht. Dass niemand darben muss und jedermann vor Gewalt geschützt ist. Deshalb wird in der Bibel ein solcher König gelegentlich auch mit einem *Hirten* verglichen, der für seine Herde sorgt, sich also um Wasser und Futterplätze kümmert und nicht zuletzt gegen wilde Tiere verteidigt. Doch es gibt – leider – auch schlechte Könige, also „Hirten", die nur ihr eigenes Wohl und nicht das der „Herde" im Sinn haben: „Wehe den Hirten Israels, die sich selbst weiden!" (Hesekiel 34,2) Ein Wehruf über schlechte Könige – im Bild eines egoistischen, nur auf sein Eigenwohl bedachten Hirten. Ein Wehruf über Machtmissbrauch. Ohne langes Grübeln fällt mir da eine ganze Reihe von schlechten „Hirten", also nur auf ihr Eigenwohl bedachten Machtinhabern ein. Damals wie heute.

Nun geht es im Vaterunser aber nicht um irgendein, sondern um *„dein* Reich", also um *Gottes* „Königsherrschaft" und Machtausübung. Dass von Gott – neben vielen anderen Bildern – überhaupt als von einem „König" gesprochen wird, hat eine lange biblische Tradition: „Gott ist König über die ganze Erde" (Psalm 47,8). So an mehr als einer Stelle. Dazu gehören auch die für einen damaligen König unverzichtbaren Insignien wie „Thron" (Jesaja 6,1), „Zepter" (Psalm 45,7) oder „Mantel" (Psalm 104,2). Die biblische Rede von Gott knüpft also zunächst einmal an vertraute menschliche Erfahrungen an. Denn was König, Thron, Zepter und Königsmantel sind, weiß jedes Kind. Gleichzeitig aber werden mit der Rede von Gott als „König" unsere menschlichen Königsvorstellungen mehrfach gesprengt:

Erstens ist Gottes Königsherrschaft – im Gegensatz zu allen menschlichen Herrschaften – von *Dauer*: „Dein Reich ist ein ewiges Reich und deine Herrschaft währet für und für" (Psalm 145,13). Zweitens ist die Ausdehnung seiner Herrschaft nicht auf ein bestimmtes Territorium beschränkt, sondern betrifft die *ganze Welt*: „Die Erde ist des Herrn und was darinnen ist, der Erdkreis und die darauf wohnen" (Psalm 24,1). Und schließlich geht es bei Gottes Herrschaft grundsätzlich um eine *gute Machtausübung*. Im Bild: „Der Herr ist mein Hirte" (Psalm 23,1), das später von Jesus aufgegriffen wird: „Ich bin der gute Hirte" (Johannes 10,14). Gottes gute Herrschaft als Hirtentätigkeit, das entbehrt – allen vermeintlich frommen Hirtendarstellungen über Omas und Opas Ehebett zum Trotz – jeglicher religiösen Süße. „Der Herr schafft Recht denen, die Gewalt leiden. Er speist die Hungrigen. Der Herr macht die Gefangenen frei. Der Herr macht die Blinden sehend. Der Herr richtet auf, die niedergeschlagen sind. Der Herr liebt die Gerechten. Der Herr behütet die Fremdlinge und erhält Waisen und Witwen." (Psalm 146,7-9) So kann man also auch von Machtausübung reden.

Nun wird im Vaterunser darum gebeten, dass „dein Reich *komme*". Vom „Kommen" des Reiches Gottes ist vor allem im Neuen Testament häufig die Rede. „Das Himmelreich ist nahe herbeigekommen", sagt Jesus gleich zu Beginn der Evangelien (Matthäus 4,17; Markus 1,15). Das konnte für damalige Ohren auch missverständlich klingen. War doch zu dieser Zeit im Judentum eine gewisse politische Erwartungshaltung auf einen neuen König, einen „Messias", stark verbreitet. Dieser sollte vor allem mit der drückenden Besatzung durch die Römer aufräumen und ein neues Reich nach Art des legendären machtvollen Königs David heraufführen. Eine Hoffnung, die in Anbetracht der politischen Verhältnisse seinerzeit in Israel durchaus nachzuvollziehen ist.

Auch um Jesus ranken sich die Gerüchte. Kann es vielleicht sein, dass dieser der erwartete Messias ist? So lässt etwa Johannes der Täufer bei ihm anfragen: „Bist du es, der da kommen soll, oder sollen wir auf einen andern warten?" (Matthäus 11,3) Jesu Antwort: „Sagt Johannes wieder, was ihr hört und seht: Blinde sehen und Lahme gehen, Aussätzige werden rein und Taube hören, Tote stehen auf und Armen wird das Evangelium gepredigt" (11,4f). Gottes Herrschaft ist eben etwas sehr anderes als Fremdbestimmung oder Unterdrückung. Im Gegenteil: „Er stößt die Gewaltigen vom Thron und erhebt die Niedrigen. Die Hungrigen füllt er mit Gütern und lässt die Reichen leer ausgehen" (Lukas 1,52f), so singt bereits Maria in Erwartung dieses Königs. Ein regelrechtes Protestlied. Jedenfalls habe ich selbst bei Bob Dylan nichts Revolutionäreres gehört.

Wenn nun im Neuen Testament immer wieder von der „*Nähe*" des Reiches Gottes die Rede ist, so heißt das zunächst ganz schlicht, dass in der Person Jesu Gottes Herrschaft Menschen eben *nahe* kommt, sie erreicht, bei ihnen Wirkung zeitigt. Wo er Blindheit behebt, Aussatz heilt, Lähmung verwandelt, Brot verteilt und Tote zu neuem Leben erweckt, da vollzieht sich *in ihm* Gottes Herrschaft. Da vollzieht sich sein Reich als ein heilsames, rettendes *Geschehen*. Deshalb antwortet Jesus auf die Frage der Pharisäer, wann denn das Reich Gottes komme: Es ist „mitten unter euch" (Lukas 17,21). Wie man diesen Satz, wie oft im Laufe der Geschichte passiert, mystisch oder gar esoterisch verstehen will, so als sei das Reich Gottes in *uns*, das begreife ein anderer. In der Bibel finde ich jedenfalls nirgendwo eine solche religiöse Überhöhung des Menschen.

Und doch ist auch mit dem „mitten unter euch" noch nicht das letzte Wort in Sachen „Reich Gottes" gesprochen. Die Pharisäer haben ja in gewisser Weise Recht: Wenn man sich so umschaut in der Welt, so ist von Gottes Reich, also von einem Aufrichten der Niedrigen und einer Sättigung der Hungernden ziemlich wenig zu sehen. Stell dir vor, das Reich Gottes ist mitten unter uns und keiner merkt es. Es steht da offenbar noch etwas aus. Was mit Jesu Wirken überaus klein und unscheinbar begonnen hat, soll irgendwann einmal groß und für alle sichtbar werden. In einem Gleichnis veranschaulicht er das an einem Senfkorn. Dieses ist zunächst einmal „das kleinste unter allen Samenkörnern auf Erden. Doch wenn es gesät ist, so geht es auf und wird größer als alle Kräuter und treibt große Zweige, sodass die Vögel unter dem Himmel unter seinem Schatten wohnen können." (Markus 4,31f) Was mit Jesus gerade einmal *angebrochen* ist, muss offenbar noch zur *Vollendung* kommen.

Nur so sind wohl die ebenfalls nicht wenigen biblischen Aussagen darüber zu verstehen, wie es dereinst in Gottes *zukünftigem* Reich zugehen wird. In den verschiedensten Bildern handeln sie von einer in der Tat *vollständig* anderen Herrschaft. Von einem Reich, in dem Menschen „von Osten und Westen, von Norden und Süden kommen und zu Tisch sitzen werden" (Lukas 13,29). Wo das für uns so selbstverständliche Oben und Unten auf den Kopf gestellt sein wird (Matthäus 19,30). Und wo schließlich Gott selbst „alle Tränen von ihren Augen abwischen wird, und der Tod nicht mehr sein wird, noch Leid noch Geschrei noch Schmerz" (Offenbarung 21,4). Und wo wir das, was wir hier und jetzt – mit Paulus zu sprechen – allenfalls als ein „dunkles Bild in einem Spiegel" erkennen, dann „von Angesicht zu Angesicht" sehen werden (1. Korinther 13,12).

So weit in Kürze der biblische Befund über das Kommen des Reiches Gottes. Ehrlich gesagt: ziemlich vielschichtig. Oder sollen wir besser sagen: ziemlich verheißungsvoll? Für die neutestamentliche Gemeinde jedenfalls war die Botschaft vom Nahen des Reiches Gottes ein unbedingter Grund zur *Freude*. „Freuet euch in dem Herrn allewege, und abermals sage ich: Freuet euch! … Der Herr ist nahe!" ruft der Apostel Paulus der Gemeinde in Philippi zu (Philipper 4f).

Doch welchen Sinn soll es nun haben, wenn wir im Vaterunser noch einmal eigens um dieses Kommen *bitten* sollen?

3. Nicht die Hände in den Schoß legen

Martin Luther hat sich in seinem Kleinen Katechismus auf die Bitte „dein Reich komme" folgendermaßen einen Reim gemacht: „Gottes Reich kommt wohl ohne unser Gebet von sich selbst; aber wir bitten in diesem Gebet, dass es auch zu *uns* komme." Das ist nun in der Tat ein interessanter Aspekt. Denn man könnte ja, wenn es denn stimmt, dass das Reich Gottes auch „ohne unser Gebet von sich selbst" kommt, auf den scheinbar naheliegenden Gedanken verfallen, die Hände einfach in den Schoß zu legen und abzuwarten. Doch die biblische Botschaft folgt offenbar einer anderen Logik. Es ist jedenfalls nicht bekannt, dass etwa die Gemeinde in Philippi in Erwartung des „von sich selbst" kommenden Reiches Gottes gewissermaßen in eine selige Lethargie verfallen wäre. Im Gegenteil: Der Philipperbrief zeugt – wie im Übrigen fast alle neutestamentlichen Schriften – von einem überaus lebendigen Christsein, von verschiedensten Aktivitäten und engagierten Auseinandersetzungen. Es scheint geradewegs so, als wenn die Botschaft vom Kommen des Reiches Gottes diese Menschen eher *inspiriert* statt träge gemacht hat.

Mir fällt da Martin Luther King ein. Mit seiner berühmten Rede „I have a dream", 1963 am Lincoln Memorial in Washington vor fast einer Viertelmillion Menschen. Dieser „Traum" ist ganz durchdrungen von den biblischen Verheißungen auf einen „neuen Himmel und eine neue Erde": „Ich habe einen Traum, dass eines Tages auf den roten Hügeln von Georgia die Söhne früherer Sklaven und die Söhne früherer Sklavenhalter miteinander am Tisch der Brüderlichkeit sitzen können." Doch statt nun die Hände in den Schoß zu legen und innerlich schwebend der Erfüllung seines Traums entgegenzudämmern, geht King auf die Straße, gründet die Bürgerrechtsbewegung und mischt sich in vielfältige soziale und politische Konflikte ein. Aus der Gewissheit vom Kommen des Reiches Gottes bezieht er eine große Motivation und Kraft, „schon jetzt" etwas zu verändern. Die Eltern King werden gewusst haben, weshalb sie ihrem Sohn der Namen „Martin Luther" gaben.

Dein Reich komme. „Wir bitten in diesem Gebet, dass es auch zu *uns* komme." Gewiss, wir sind nicht Martin Luther King und haben es in der Regel auch nicht mit einer Viertelmillion Menschen zu tun. Aber wer hindert uns eigentlich daran, Gottes guter, „anderer" Herrschaft auch in unseren kleinen Reichen schon jetzt Raum zu geben? Schon jetzt dafür zu sorgen, dass nicht das Recht des Stärkeren, sondern das Recht des Schwächeren unter uns zur Geltung kommt? Wer hindert uns daran, schon jetzt Niedergeschlagene aufzurichten, Hungrige zu speisen und uns schützend vor Fremde zu stellen? Und nicht zuletzt schon jetzt eine Freude auszustrahlen, die wenigstens etwas davon ahnen lässt, dass da noch etwas aussteht, um das es sich zu beten und zu kämpfen lohnt. Um es mit einem kleinen Gedicht des nicaraguanischen Priesters und Poeten Ernesto Cardenal zu sagen:

> „Wir sind noch nicht im Festsaal angelangt,
> aber wir sind eingeladen.
> Wir sehen schon die Lichter
> und hören die Musik."

Vielleicht spitzt sich am Ende alles auf die einfache Frage zu, ob wir, wenn wir „dein Reich komme" beten, die darin enthaltene „Einladung" überhaupt ernst nehmen. Ob wir also wirklich noch eine *Sehnsucht* nach einer anderen Welt haben. Und also ob wir überhaupt *wollen*, dass Gottes heilsame Herrschaft „auch zu uns komme", so dass es bei uns – um Gottes willen – doch endlich einmal anders zugehen möchte als anderswo.

Aber damit sind wir schon bei der nächsten Bitte des Vaterunsers.

II. „Dein Wille geschehe wie im Himmel so auf Erden"

Verantwortung statt Schicksalsergebenheit

1. „Et kütt, wie et kütt"

„Dein Wille geschehe." Zu dieser Bitte des Vaterunsers gibt es ein interessantes Bild von Ludwig Richter. Es stellt zwei verschiedene Situationen dar. Links eine Abschiedsszene: Ein junger Mann muss von zu Hause fort auf die weite See, inniglich umarmt von einer Frau. Rechts ebenfalls ein Abschied, allerdings ein anderer: Zwei Kinder hocken an einem Grab, man vermutet: an dem ihrer Eltern. Hüben wie drüben handelt es sich, wie häufig bei Ludwig Richter, offenbar um fromme Menschen. Denn das Paar zur Linken wird von einer älteren Frau mit einer Geste des Segens verabschiedet, während die Geschwister zur Rechten das Kreuz auf dem Grab umklammert halten. Darüber hat der Künstler auf ein in der klassischen Malerei häufig vorkommendes Spruchband die Worte gesetzt:

> „Es ist bestimmt in Gottes Rath,
> daß man vom Liebsten, was man hat,
> muß scheiden."

Richter interpretiert „Gottes Rath", also Gottes Willen – zumindest auf diesem Bild –, als etwas Schweres, Unabänderliches, das den Menschen widerfährt und in das sie sich in frommer Haltung schicken.

Wären diese Menschen nicht so fromm, wie sie zumindest auf diesem Bild erscheinen, so würden sie wahrscheinlich von „Schicksal" sprechen oder davon, dass man es eben nehmen müsse, wie es komme. „Da kannze nix dran machen", hört man häufig am Niederrhein. Und wahrscheinlich nicht nur dort. Ob bei der Schließung eines Werkes oder der Diagnose einer schlimmen Krankheit, ob beim Scheitern einer Ehe oder dem Versagen in der Kindererziehung, ob beim Anblick einer fernen Naturkatastrophe oder einer kriegerischen Auseinandersetzung im Fernsehen – „tja, da kannze nix dran machen". Man muss offenbar gar nicht besonders fromm sein, um sich dem vermeintlich Unvermeidlichen in Demut zu fügen. „Et kütt, wie et kütt", sagt der Kölner, zuckt die Achseln und geht zur Tagesordnung über.

Verhält es sich mit dem Willen Gottes tatsächlich so wie mit einem unvermeidlichen Schicksal? Wie mit einem dunklen Verhängnis, das undurchschaubar über unserem Leben schaltet und waltet und das wir allenfalls in dumpfer Ergebenheit zu akzeptieren haben? Ist wirklich alles, was wir erleben, erdulden oder gar erleiden, gleich Gottes Wille? „Nachdem es Gott, dem allmächtigen Herrn über Leben und Tod, gefallen hat, unseren Bruder soundso aus diesem Leben abzurufen …", hören wir beim Abschiednehmen am Grab aus dem Munde des Pfarrers. Das mag tröstlich klingen, sofern wir es mit einem betagten Menschen zu tun haben, von dem wir – wie von Abraham – sagen können, dass er „alt und lebenssatt" starb. Aber was ist, wenn ein Mensch jung und lebenshungrig aus dem Leben gerissen wurde? Hat Gott das auch „gefallen"?

In einer seiner poetischen „Leichenreden" verwahrt sich der Schweizer Theologe und Dichter Kurt Marti vehement gegen eine solche Auffassung:

„dem herrn unserem gott
hat es ganz und gar nicht gefallen
dass gustav e. lips
durch einen verkehrsunfall starb

erstens war er zu jung
zweitens seiner frau ein zärtlicher mann
drittens zwei kindern ein lustiger vater
viertens den freunden ein guter freund
fünftens erfüllt von vielen ideen

was soll jetzt ohne ihn werden?
was ist seine frau ohne ihn?
wer spielt mit den kindern?
wer ersetzt einen freund?
wer hat die neuen ideen?

dem herrn unserem gott
hat es ganz und gar nicht gefallen
dass einige von euch dachten
es habe ihm solches gefallen …"

Vor Jahren gab es im Ruhrgebiet den Fall eines mutigen Gemeindepfarrers, der sich am Grabe eines bei einem Betriebsunfall ums Leben gekommenen Arbeiters weigerte, von Gottes „Gefallen" zu reden. Stattdessen prangerte er den unzureichenden Arbeitsschutz des betreffenden Bergwerks öffentlich an. Er war also nicht bereit, etwas als „Gottes Willen" religiös schönzureden, dessen Ursache seiner Meinung nach schlicht fahrlässiges und somit schuldhaftes menschliches Verhalten war. Damit verbindet sich die viel grundsätzlichere Frage, ob einfach *alles*, was in der Welt geschieht – ob schön oder schrecklich – Gottes Wille ist. Oder ob auf unserer Erde auch Dinge geschehen, die ganz und gar nicht Gottes Wille sind. Und das dann gleich zu der nächsten Frage führt, ob man denn Gottes Willen überhaupt *erkennen* kann? Oder ob uns am Ende auch hier nur ein kölsches Achselzucken bleibt.

2. Keine dumpfe Schicksalsergebenheit

Es fällt auf, dass sich die Bibel an solchen fast schon philosophischen Spekulationen nicht beteiligt. Ob dieses oder jenes Ereignis – sei es schön oder schrecklich – dem Willen Gottes entspringt, liegt offenbar nicht in ihrem Interesse. Ob eine göttliche Absicht vorliegt, wenn etwa jemandes Feld „gut getragen" hat (Lukas, 12,16) – man erfährt es nicht. Und aus welchem „höheren" Grund die achtzehn Menschen unter dem einstürzenden Turm von Siloah zu Tode kommen (Lukas 13,4) – Fehlanzeige. Die berühmte „Warum"-Frage, die bis heute immer wieder Menschen gerade angesichts von Leid und Unglück umtreibt – in der Bibel jedenfalls erfährt sie keine „logische" Antwort. Zumindest keine, die nach dem Prinzip von „Lohn" und „Strafe" funktionierte. Jedenfalls scheint der allgemeine Lauf der Dinge nicht einfach identisch zu sein mit dem, was Gott will. Nicht alles, was geschieht – ob gute Ernte oder tragisches Unglück – ist sozusagen „ablesbar" auf sein Wollen zurückzuführen. Fast ist man geneigt, mit dem Apostel Paulus auszurufen: „Wie unerforschlich sind seine Wege!" (Römer 11,33) Gottes Wille also doch ähnlich undurchschaubar, dunkel und bedrohlich wie das Schicksal in der griechischen Tragödie, bei dem auch niemand schlüssig erklären kann, weshalb es den einen trifft und den anderen nicht?

Ganz so ist es nun doch nicht. Es fällt nämlich auch auf, dass da, wo die Bibel tatsächlich und ausdrücklich auch einmal vom „Willen Gottes" redet – sie tut es nicht so wahnsinnig häufig –, sie dieses vor allem im Zusammenhang mit der Frage nach dem *Tun* des Menschen tut. „Deinen Willen, mein Gott, tue ich gern", bekennt der alttestamentliche Beter (Psalm 40,9). Dass Gottes Wille nicht Gegenstand von quasi-philosophischen Spekulationen ist, sondern eben vor allem *getan* werden soll, zieht sich bis in das Neue Testament hinein. „Wer Gottes Willen tut, der ist mein Bruder und meine Schwester und meine Mutter", sagt Jesus (Markus 3,35). Und schärfer noch in der Bergpredigt: „Es werden nicht alle, die zu mir sagen: Herr, Herr!, in das Himmelreich kommen, sondern die den Willen tun meines Vaters im Himmel" (Matthäus 7,21). In der Bibel wird der Wille Gottes nicht begrübelt, sondern schlicht *getan*. Oder – leider – manchmal auch nicht.

Das setzt allerdings voraus, dass der Wille Gottes, also das, was um Gottes Willen zu tun und zu lassen ist, den Menschen überhaupt *bekannt* ist. Ja, sagt die Bibel nun allerdings an mehr als nur einer Stelle, was Gott will, das lässt er uns unmissverständlich in seinen *Geboten* wissen. Keine anderen Götter haben, Vater und Mutter ehren, nicht töten, nicht falsch Zeugnis reden wider den Nächsten … niemand – jedenfalls im alten Israel – wird behaupten können, noch nie etwas davon gehört zu haben. Etwa die Propheten erinnern wieder und wieder ihr Volk daran, dass ihm doch immerhin *gesagt* sei, „was gut ist und der Herr von dir fordert" (Micha 6,8), also das, was Jesus später in der Aufforderung, sowohl Gott als auch den Nächsten zu lieben (Matthäus 22,37.39), knapp zusammenfasst. Der Apostel Paulus ist sogar der Meinung, dass selbst den „Heiden" sozusagen „ins Herz geschrieben ist, was das Gesetz fordert" (Römer 2,15). Sage noch einer, er wisse nicht, was der Wille Gottes ist. Das ändert nichts daran, dass im Einzelfall tatsächlich noch einmal zu *„prüfen"* ist (Römer 12,2), welche konkrete Handlung geeignet sein mag, Gottes „Wohlgefallen" (so die ursprüngliche Bedeutung des hebräischen Wortes für „Willen") zu finden. Es scheint jedenfalls für eine christliche Gemeinde keine Schande zu sein, hier im Zweifelsfall auch einmal die geschwisterliche Auseinandersetzung zu suchen über das, was denn wohl dem Gebot der Liebe am ehesten entsprechen könnte.

Auch lässt die Bibel keinen Zweifel daran, dass der, der sein Leben nach dem Willen Gottes auszurichten sucht, durchaus auch ins *Leiden* geführt werden kann. Dabei geht es gerade nicht um apathische Ergebenheit in ein grausames Zufallsgeschick oder gar um eine Verherrlichung des Leidens als solches. Es geht darum, dass Menschen im Gehorsam gegen Gottes Gebot zumindest auch damit rechnen müssen, dass ihnen nicht überall Beifall, Anerkennung und Sympathie entgegenschlagen. „Selig seid ihr", sagt Jesus, „wenn euch die Menschen um meinetwillen schmähen und verfolgen" (Matthäus 5,11). Und kurz davor: „Selig sind, die um der Gerechtigkeit willen verfolgt werden" (5,10). Um *seinet-* und um der *Gerechtigkeit* willen! Das ist etwas anderes als dumpfe Schicksalsergebenheit und lebensverachtende Leidensverklärung.

Mit seinem eigenen Leiden und Sterben steht Jesus Christus selbst für diese letzte Konsequenz des Willens Gottes – eben um eines höheren Auftrags willen – ein. Im Garten Gethsemane, kurz vor seinem gewaltsamen Tod, betet er: „Mein Vater, ist's möglich, so gehe dieser Kelch an mir vorüber; doch nicht wie ich will, sondern wie du willst!" (Matthäus 26,39). Das ist die fast wortwörtliche Formulierung des Vaterunsers: „Dein Wille geschehe." Es spricht daraus ein abgrundtiefes Gottvertrauen und die Bereitschaft zur unbedingten Hingabe des eigenen Willens an seinen, an Gottes Willen – auch wenn solch eine Hingabe ins Leiden führt. „Dein Wille geschehe" ist so für unzählige Glaubenszeugen in den vielen Gethsemanes unserer Welt zu einem Trost geworden, den menschliche Worte nicht mehr zu geben vermögen.

Wir sind nicht Christus und in der Regel auch keine Märtyrer. Und doch steht sein Gebet im Garten Gethsemane gewissermaßen „Modell" für eine grundsätzliche Glaubenshaltung. Wer „dein Wille geschehe" betet, signalisiert zumindest die Bereitschaft, einmal von seiner Ich-Fixierung abzusehen und sich an etwas anderem zu orientieren – unabhängig davon, ob dieses Andere nun seinen persönlichen Lebenswünschen entspricht. Dem „heiligen" Autonomiebegehren des modernen Menschen wird hier also durchaus eine Grenze gesetzt. Aber könnte diese Grenze nicht auch etwas Heilsames sein? Wo steht denn geschrieben, dass Selbstbestimmung nur immer zum Wohle der Menschheit und der Welt beiträgt? Schließlich wird – um nur ein Beispiel zu nennen – auch der massenhafte Individualverkehr auf unseren Straßen immer wieder mit dem Wunsch nach Autonomie gerechtfertigt. So als zählten die Tausende von Verkehrstoten, die Gefährdung von Tieren und Pflanzen und die Belastung von Luft, Boden und Grundwasser nichts.

Das „Andere", an dem sich die Bitte „dein Wille geschehe" orientiert, ist ja nicht irgendeine formale Autorität, der man sich sozusagen in blindem Gehorsam zu beugen hätte. So wie wir das aus zahllosen Diktaturen kennen – allen Beteiligten zum Unheil. Wer „dein Wille geschehe" betet, tut das gerade nicht blind, sondern sehend. Nämlich aufblickend auf Gottes heilsames Gebot der Liebe und der Gerechtigkeit. Das setzt allerdings ein unbedingtes Vertrauen voraus. Es ist deshalb kein Zufall, dass das Vaterunser, wir erinnern uns, eben mit der Anrede „Vater" beginnt.

Wer nicht aus diesem grundsätzlichen Vertrauen lebt, wird das „dein Wille geschehe" womöglich tatsächlich nur als eine Einweisung in eine Art religiösen Kadavergehorsam empfinden können, der allem Missbrauch Tür und Tor öffnet. Es gehört – leider – zur Schuldgeschichte der Christenheit, dass „dein Wille geschehe" auch für übelste Pervertierungen des Willens Gottes herhalten musste. Mit der Parole „Deus lo vult" („Gott will es") wurden die ersten Kreuzfahrer auf den Weg nach Jerusalem und nach ihnen viele Tausende ins Verderben geschickt. Und wie viele Kinder auch in „christlichen" Einrichtungen sind mit dem Hinweis auf den „Willen Gottes" gemaßregelt, gedemütigt und gequält worden. Wenn es nicht so unendlich traurig wäre, müssten wir solch eine Verdrehung des Willens Gottes mindestens absurd nennen.

3. Eine neue Entschlossenheit

Die Bitte, dass „dein Wille geschehe", setzt sich fort mit den Worten „wie im Himmel so auf Erden". Das erinnert an das, was wir uns bereits über den „Himmel" klarzumachen versucht haben: ein bildhafter Ausdruck für Gottes grundsätzliches Anderssein und seine grundsätzlich andere Art des Herrschens. Aber: Gottes Wille, der „im *Himmel*" geschieht? Wie soll man sich das denken? In der Bibel begegnet hier und da in der Tat die Vorstellung, dass Gott im Himmel von einer Art Hofstaat umgeben ist, so wie das etwa der Prophet Jesaja in einer großartigen Vision vor Augen hat (Jesaja 6,1-4). An anderen Stellen umgeben ganze „Heerscharen" (hebräisch: zebaoth) von Engeln und Dienern den Thron Gottes zu seinem Lob: „Lobet den Herrn, ihr seine Engel, ihr starken Helden, die ihr seinen Befehl ausrichtet, dass man höre auf die Stimme seines Wortes! Lobet den Herrn, alle seine Heerscharen, seine Diener, die ihr seinen Willen tut!" (Psalm 103,20f) Hier – „im Himmel" – passt also kein Löschblatt zwischen Gott und die Seinen, zwischen seinen Willen und das Tun seines Willens.

Wenn wir nun beten, dass sein Wille geschehe „wie im Himmel so auf Erden", so drücken wir damit vor allem aus, dass wir überhaupt *wollen*, dass das, was „im Himmel" jetzt schon geschieht, nun auch „auf Erden", also unter *uns* geschehe. So wie „im Himmel" die Heerscharen Gottes bereits jetzt seinen Willen tun, so sollen wir es ihnen „auf Erden" nachtun. *Sein* Wille soll ja nun *unser* Wille werden. Aus dem unbedingten Vertrauen in den Willen Gottes erwächst also unsererseits am Ende gerade nicht eine lethargische, den Lauf der Dinge einfach nur hinnehmende Lebenshaltung – „et kütt, wie et kütt" –, sondern vielmehr eine große *Verantwortung*.

Gewiss ist damit die Frage nach dem, was Gottes Wille ist, nicht erschöpfend beantwortet. Wir werden weiterhin an Kindergräbern stehen, wo wir vergeblich nach deinem Willen suchen. Wir werden weiterhin von Katastrophen heimgesucht werden, bei denen man lange nach einem „göttlichen Sinn" fragen kann. So schwer das mitunter fallen mag, hat der Glaube wohl diese letzte Erkenntnislücke zu akzeptieren. „Meine Gedanken", spricht Gott in den Worten des Propheten Jesaja, „sind nicht eure Gedanken, und eure Wege sind nicht meine Wege" (Jesaja 55,8). Indes: Dass wir nicht immer *alles* an Gottes Willen und an seinem Regiment verstehen, darf uns nicht daran hindern, wenigstens das, was wir sehr wohl als seinen Willen erkennen, nämlich sein Gebot, nun auch beherzt zu befolgen.

Denn wer betet, dass Gottes Wille sich nun auch unter uns durchsetzen möge, der lässt alles Fatalistische für immer hinter sich. Der weiß, dass er nun zur *Tat* gerufen ist, weil es – eben um Gottes Willen – nicht egal ist, wie wir „auf Erden" leben. Dass es nicht egal ist, wie wir mit seiner Schöpfung umgehen. Mit unseren Mitmenschen, mit Tieren und Pflanzen, mit Wasser, Luft und Boden. Aber auch mit unserem eigenen Körper, unserem Verstand und unseren Gefühlen. Mit unserer Zeit, unserer Nahrung, unserem Geld oder Auto. Dass es nicht egal ist, wofür wir uns einsetzen oder wessen wir uns verweigern.

„Wir können nix machen", sagen die Bauersleute in Bertolt Brechts „Mutter Courage", als sich die feindlichen Truppen des Kaisers auf die nahe Stadt zubewegen. Und weil sie meinen, „nix machen" zu können, fangen sie an, das Vaterunser zu beten, während die stumme Katrin gewitzt und tatkräftig auf dem Dach die Trommel schlägt, um Hilfe zu holen. Bei allem Respekt, aber hier hat der Autor das Vaterunser doch wohl gründlich missverstanden. Gottvertrauen und Verantwortung sind für den, der „dein Wille geschehe wie im Himmel so auf Erden" betet, gerade kein Widerspruch. Im Gegenteil. Aus der Gewissheit einer letzten Geborgenheit in Gott kann, wie an vielen tapferen Zeuginnen und Zeugen des Glaubens sichtbar wird, auch ein ganz neuer Mut, eine ganz neue Zivilcourage, eine ganz neue Tatkraft erwachsen. Eine ganz neue Entschlossenheit, den sogenannten „Lauf der Dinge" gerade nicht einfach hinzunehmen. Aber: Wollen wir das überhaupt?

Die Frage steht im Raum.

III. „Unser tägliches Brot gib uns heute"

Wie Beten zur Politik wird

1. In Zeiten der Milchschnitte

Heute sind mehr Menschen als sonst in den Gottesdienst gekommen. Erntedankfest. Soeben hebt die Orgel zu mächtigem Gesang an: „Wir pflügen und wir streuen den Samen auf das Land … alle gute Gabe kommt her von Gott dem Herrn …" Währenddessen zieht durch den Mittelgang eine Kinderschar ein. Vorneweg mit stolz geschwellter Brust Melvin mit einem Kürbis, groß wie ein Fußball. Dahinter die anderen. Jedes Kind trägt etwas in der Hand: einen Apfel, eine Birne, Bananen, Weintrauben, Ananas. Dazu ein Bündel Getreide, Kartoffeln, Gurken, Tomaten, ein Netz mit Rosenkohl, einen Kopfsalat und ein Bündel Petersilie. Am Ende Sophia, die wohl die Kleinste von allen ist. Sie hält mit großem Ernst einen Holzteller, auf dem ein Stück Brot liegt. Als sie an mir vorbeischreitet, kann ich gerade noch erkennen, dass rundherum auf dem Teller ein paar Worte eingeschnitzt sind: „Unser tägliches Brot gib uns heute …"

Wenig später sind „alle guten Gaben" auf und neben dem Altar verteilt. Ein prächtiger Anblick. Er erinnert mich ein wenig an die Stillleben der alten holländischen Maler im Amsterdamer Reichsmuseum: üppig überbordende Tische, überhäuft mit Obst und Gemüse, Wild und Fisch, Brot, Käse und Wein. Am Rande vielleicht sogar noch ein frisch erlegter Fasan. Doch wir sind bereits bei der zweiten Strophe angelangt: „Er sendet Tau und Regen und Sonn und Mondenschein, er wickelt seinen Segen gar zart und künstlich ein und bringt ihn dann behende in unser Feld und Brot: es geht durch unsre Hände, kommt aber her von Gott …" Nun taucht vor mir das berühmte Bild von den beiden betenden Bauersleuten auf dem Feld auf. Abendlicher Friede senkt sich über das Land. „Unser tägliches Brot gib uns heute …"

Doch da grätscht jäh die forsche Pfarrerin in die Stimmung. Mit Erntedank, so unterrichtet sie uns, könne heutzutage kaum noch einer etwas anfangen. Das Brot komme für die meisten Menschen schon lange nicht mehr vom Feld, sondern aus dem Supermarkt. Zudem hätten sich unsere Essgewohnheiten mittlerweile völlig verändert. Bei ihren Konfirmanden jedenfalls sei an die Stelle des Frühstücksbrotes die Milchschnitte getreten. Ja, wir seien mehr und mehr dem natürlichen Lauf der Schöpfung völlig entfremdet. Vielen falle es schwer zu singen, dass „Korn und Obst", wie es in dem eben gesungenen Liede von Matthias Claudius heiße, „von Gott" seien. Doch Erntedank sei etwas anderes als religiöse Nostalgie. Es gelte vielmehr, der Realität der modernen Industriegesellschaft auch von Seiten des Glaubens gerecht zu werden. Deshalb sei es wohl angebracht, den heutigen Erntedanktisch wenigstens ein wenig zu ergänzen. Dabei legt sie nun in der Tat eine Milchschnitte neben die anderen „guten Gaben" auf den Altar. Im weiteren Verlauf des Gottesdienstes folgen dann noch ein Smartphone, eine Eurocheckkarte und eine Packung Thomapyrin.

Schade, denke ich. Man hätte doch, wenn man es schon partout so unerträglich findet, einmal unbefangen und voll Freude von „Wachstum und Gedeihen", „Strohhalm und Sternen" oder „Schnee und Ungestüm" zu singen, vielleicht vorbereitend mit den Kindern eine Streuobstwiese aufsuchen, in Wind und Wetter ein paar Äpfel pflücken oder gar gemeinsam ein Brot backen können, um der beklagten „Entfremdung" wenigstens ein wenig entgegenzuwirken. Man hätte doch die Kinder wenigstens daran *erinnern* können, dass das, was „durch unsre Hände geht", gleichzeitig „aber her von Gott kommt".

Aber wahrscheinlich tue ich der forschen Kollegin Unrecht. Immerhin hat sie sich doch Gedanken gemacht. Was man noch nicht von jedem Gottesdienst behaupten kann. Immerhin hat sie uns mit ihrer Packung Thomapyrin wenigstens auf ein Problem aufmerksam gemacht. Immerhin doch wenigstens eine ziemlich grundsätzliche Frage gestellt und zu eigenem Nachdenken angeregt. Ja, irgendwo hat sie Recht: Welchen Sinn soll es eigentlich haben, in Zeiten der Milchschnitte um das tägliche „Brot" zu bitten?

2. Niemand soll hungern

Von „Brot" ist in der Bibel relativ häufig die Rede. Das liegt wohl daran, dass es in Palästina offenbar *das* Grundnahrungsmittel war. Abraham etwa verheißt seinen Gästen, „einen Bissen Brot zu bringen, dass ihr euer Herz labt" (1. Mose 18,5). Später hören wir davon, dass er seiner Magd Hagar neben einem Schlauch Wasser auch Brot als Wegzehrung mitgibt (1. Mose 21,14). Dem Propheten Jeremia wird sogar im Gefängnis als Tagesration „ein Laib Brot" gewährt (Jeremia 37,21). Brot ist also das Lebensmittel schlechthin. Übrigens nicht nur in Israel. Auch der griechische Dichter Homer nennt die Menschen als solche schlicht „Brotesser". Jesus macht da keine Ausnahme. Etwa im „Haus eines Oberen der Pharisäer" wird ihm als Mahlzeit eben Brot vorgesetzt (Lukas 14,1). Ähnlich, als er mit den beiden Jüngern in Emmaus zu Tisch sitzt und „das Brot bricht" (Lukas 24,30). Dabei steht für den biblischen Glauben außer jedem Zweifel, dass Gott selbst es ist, der „aus der Erde Brot hervorbringt" (Psalm 104,14), also für das Lebensnotwendige seiner Geschöpfe sorgt: „Es warten *alle* – gemeint sind Menschen, Tiere und Pflanzen – auf dich, dass du ihnen Speise gebest zur rechten Zeit" (104,27). Selbst Löwe (21), Rabe (Psalm 147,9) oder sogar die kleine Ameise, von der es heißt, dass sie „ihr Brot bereitet" (Sprüche 6,8).

Weil Brot das schlechthin Lebensnotwendige ist, deshalb macht sich umgekehrt derjenige schuldig, der dem Hungrigen das Brot verweigert, weil er ihm das zum Leben Nötige verwehrt. Es gilt vielmehr: „Brich dem Hungrigen dein Brot!" (Jesaja 58,7). Das kann zur Not sogar zu einer Gesetzesübertretung führen. So wird von dem hungrigen David berichtet, dass er von den geweihten „Schaubroten" isst, die eigentlich nur für den Kult bestimmt sind (1. Samuel 21,4-7). Genau mit dieser Geschichte rechtfertigt auch Jesus das berühmte „Ährenraufen" seiner hungrigen Jünger am Sabbat (Markus 2,23ff). Da diese Tätigkeit als Arbeit galt und insofern am Sabbat nicht erlaubt war, stellte sie in den Augen der Pharisäer einen Gesetzesverstoß dar. Das ist formal sicher richtig. Doch für Jesus steht der unmittelbare Lebenserhalt über der Geltung des Buchstabens.

„Brot" kann deshalb in der Bibel auch stellvertretend für den Lebensunterhalt überhaupt stehen. „Sein Brot essen" (1. Mose 3,19) bedeutet schlicht, sein *Auskommen* haben. Also „alles, was not tut für Leib und Leben", wie Luther in seinem Kleinen Katechismus formuliert. Gemeint ist: alles, was unbedingt nötig ist, um zu leben. Und bei der naheliegenden Frage, was das denn nun konkret sein könne, kommt Luther zu einer geradezu atemberaubend detaillierten Aufzählung: „Essen, Trinken, Kleider, Schuh, Haus, Hof, Acker, Vieh, Geld, Gut, fromme Eheleute, fromme Kinder, fromme Gehilfen, fromme und treue Oberherren, gute Regierung, gut Wetter, Friede, Gesundheit, Zucht, Ehre, gute Freunde, getreue Nachbarn und desgleichen." Vielleicht hätte er, hätte es ihn in unseren Erntedankgottesdienst verschlagen, am Ende auch noch eine Packung Thomapyrin hinzugefügt. Doch kann sich Luther mit seiner kühnen Auslegung der Bitte um das tägliche Brot eigentlich auf die Bibel berufen? Oder ist – was ihn ja nicht unbedingt unsympathischer machen würde – an dieser Stelle einfach einmal die Phantasie mit ihm durchgegangen?

Vielleicht helfen uns hier zwei kleine biblische Geschichten weiter. Beide handeln vom Brot. Die eine ist die von der „Speisung der 5000". Wahrscheinlich waren es sogar wesentlich mehr, denn es wird eigens vermerkt: „ohne Frauen und Kinder" (Matthäus 14,21). Wir befinden uns in einer einsamen und öden Gegend. Viele Menschen sind Jesus dorthin gefolgt, um „einer langen Predigt" (Markus 6,34) zuzuhören. Darüber wird es Abend, und den Leuten hängt der Magen schief. Problem: Es ist zu dieser späten Stunde bis auf lächerliche fünf Brote und zwei Fische nichts Essbares da. Und nun heißt es: „Jesus nahm die fünf Brote und die zwei Fische, sah zum Himmel auf, dankte und brach's und gab die Brote den Jüngern, und die Jünger gaben sie dem Volk. Und sie aßen alle und wurden satt."

Die andere Geschichte finden wir in der Erzählung vom Auszug des Volkes Israel aus der Knechtschaft in Ägypten. Während der Wanderung durch die Wüste kommt es zu einer Hungersnot (2. Mose 16). In dieser Situation lässt Gott des Nachts „Brot vom Himmel regnen", das berühmte „Manna". Von ihm soll das Volk jeden Tag allerdings nur jeweils so viel aufsammeln, wie viel „es für den Tag bedarf". Das hat zur Folge, dass das Manna, das der eine oder die andere vielleicht heimlich beiseiteschafft und zu horten sucht, am nächsten Morgen nur noch eine eklige Masse ist. „Voller Würmer und stinkend", wie es heißt

Beide Geschichten weisen in die gleiche Richtung, nämlich dass Gott die *materielle* Not seiner Menschen offenbar nicht egal ist. Er will nicht, dass seine Geschöpfe Hunger leiden – weder in der Wüste am Sinai noch in der Einöde von Galiläa. Alle werden satt. „Hier philosophieren nun einige Leute von einem ‚übernatürlichen' Brot", schreibt Calvin. „Das scheint mir aber mit Christi Meinung wenig übereinzustimmen." Recht hat er. Denn entgegen einer bestimmten Deutungslinie, die es in der Theologiegeschichte auch immer wieder gegeben hat, nämlich dass es in der Bitte um das tägliche Brot nur um eine Art „geistliche Nahrung" gehe, sagen beide Geschichten etwas anderes. Um es mit dem weihnachtlichen Lobgesang der Maria auf den Punkt zu bringen: Gott „füllt die Hungrigen mit Gütern" (Lukas 1,53). Niemand soll nach Gottes Willen darben. Insofern leuchtet es durchaus ein, wenn Martin Luther in seiner Erklärung des „Brots" zunächst ganz elementare „leibliche" Dinge nennt, wie etwa „Essen, Trinken, Kleider, Schuh, Haus, Hof, Acker, Vieh, Geld und Gut".

Darüber hinaus fällt an der Manna-Geschichte die starke Betonung des menschlichen *Bedarfs* auf. Gerade in ihrer grundsätzlich leiblichen Orientierung redet sie nicht einer unnötigen oder gar hemmungslosen Anhäufung von materiellen Gütern das Wort. Jeder bekommt das, was er wirklich braucht. Nicht mehr und nicht weniger. Insofern leuchtet nun auch Luthers zweites Deutungsmotiv der Brotbitte unmittelbar ein, wenn er auf die Frage, was denn unter dem „täglichen Brot" wohl zu verstehen sei, antwortet: „alles, was not tut für Leib und Leben". Einer der letzten Kirchentage nahm dieses Motiv auf und machte es zu seiner Losung: „So viel du brauchst." Von daher können wir es vielleicht ein bisschen besser nachvollziehen, wenn Luther neben den „leiblichen" Gütern dann auch noch zu ganz anderen „Gütern" kommt. Denn wer wollte ernsthaft bezweifeln, dass etwa auch gute Freunde, getreue Nachbarn, eine gute Regierung und Frieden zu dem gehören, was der Mensch zum Leben braucht?

Schließlich leben beide Geschichten von einem tiefen *Gottvertrauen*, die in der Brotbitte des Vaterunsers vor allem in den Wörtchen „täglich" und „heute" zum Ausdruck kommt. So wie es in der Mannageschichte den Menschen gar nichts nützt, das Brot für den nächsten Tag zu horten, weil sie darauf vertrauen dürfen, dass Gott es ihnen täglich neu zukommen lässt, so bittet das Vaterunser eben um das Brot für „heute". In der Version des Lukasevangeliums noch deutlicher: „Unser tägliches Brot gib uns *Tag für Tag.*" Es erinnert an ein Wort Jesu aus der Bergpredigt: „Sorgt nicht für morgen, denn der morgige Tag wird für das Seine sorgen" (Matthäus 6,34). Wer um das „tägliche Brot" für „heute", also immer wieder neu bittet, der weiß zumindest, dass das Lebensnotwendige nicht einfach selbstverständlich ist. Dass hinter allen lebenserhaltenden Gütern ein Geber steht, dem wir nicht nur unser Leben, sondern auch unseren Leben*erhalt* zu verdanken haben. Der Heidelberger Katechismus formuliert deshalb die Bitte: „Lehre uns dadurch erkennen, dass du allein der Ursprung alles Guten bist" (Frage 125). Im materiellen Auskommen erkennt der biblische Glaube die Güte Gottes, die „alle Morgen neu" ist (Klagelieder 3,23), um die er deshalb auch vertrauensvoll „Tag für Tag" bittet und ebenso dankt: „Danket dem Herrn; denn er ist freundlich, und seine Güte währet ewiglich" (Psalm 107,1).

So weit der biblische Befund. Doch schon melden sich – wieder einmal – einige weitere Gedanken und auch ein paar Fragen zu Wort.

3. Brauchen wir 731 Brotsorten?

Mit der Bitte um das tägliche Brot vollzieht das Vaterunser eine Art Perspektivwechsel. War der Blick bislang primär auf Gott gerichtet („dein Name … dein Reich … dein Wille"), um von dorther dann auch die verschiedensten Dinge unseres Lebens in Blick zu nehmen, so scheint es jetzt umgekehrt. Die Brotbitte geht von *uns* und unserem täglichen Bedarf aus, um von dort her den Blick auf Gott, den Geber aller Gabe, zu öffnen. Wie wir es im Erntedankgottesdienst singen: „Es geht durch unsre Hände, kommt aber her von Gott …" So, in dieser Perspektive darf dann auch einmal – mit Worten des bekannten Psychojargons – gefragt werden, was denn die Bitte um das tägliche Brot eigentlich „mit uns macht". Die Antwort muss, wenn wir denn den biblischen Text und seine Deutung von Seiten der Reformatoren richtig verstanden haben, mehrfach ausfallen.

Zunächst das *„Brot"*. Wenn damit „allgemein alles, dessen unseres Leibes Notdurft unter den Elementen dieser Welt bedarf" (Calvin), gemeint ist, dann müsste eigentlich ein für alle Mal mit dem Vorurteil aufgeräumt sein, der christliche, zumal der evangelische Glaube sei doch eine eher „leibfeindliche" Religion. Es mag sein, dass es in der Geschichte des Christentums immer wieder solche Tendenzen gegeben hat und noch gibt – auf die Bibel können sich solche Tendenzen jedenfalls nicht berufen. Die vielen Geschichten, in denen es „unter den Elementen dieser Welt" überaus „leiblich", lebensnah, handfest und „irdisch" zugeht, sprechen eine andere Sprache. Hunger und Sättigung, Armut und Reichtum, Unterdrückung und

Freiheit, Gesundheit und Gebrechen, Gerechtigkeit und Intrige, Krieg und Frieden, Hass und Liebe – all das begegnet fast auf jeder Seite dieses dicken Buches. Ja, auch Liebe. Nicht nur die berühmte „Nächstenliebe", die sich dem anderen in seiner leiblichen oder sozialen Not zuwendet, sondern eben auch die erotische, die begehrende Liebe. Man lese nur einmal in Ruhe und voller Genuss das Hohelied Salomo.

Nein, wer meint, dem christlichen Glauben Sinnen- oder gar Sexualfeindlichkeit vorwerfen zu müssen, hat wahrscheinlich die Bibel noch nie aufgeschlagen. Und wer glaubt, etwa die vielen Brotgeschichten mit Sprüchen abtun zu können, dass es hier „im Grunde" doch um ein „ganz anderes Brot" gehe, verdrängt Gott, den Schöpfer Himmels *und* der Erden, wider besseren Wissens in eine betuliche Ecke irgendeiner belanglosen Spiritualität. Von anderen, sicher ebenfalls wichtigen Dingen des Lebens mag man andernorts reden und auch darum bitten – hier in der Brotbitte geht es in der Tat um nichts anderes als das elementar *Lebens*notwendige. Eine große Ermutigung, Gott im Gebet nicht nur mit den großen Themen wie Schuld und Vergebung oder Frieden und Gerechtigkeit zu kommen, sondern auch mit den vermeintlich geringen Dingen des Alltags. Vielleicht hat ja die kleine Sophia irgendeinen Kummer, der sie bedrückt. Mit dem Brotteller trägt sie ihn dahin, wo er hingehört.

Aber mit dem Hinweis auf das, was mit „Brot" gemeint ist, ist es nicht getan. Die Reformatoren deuten es ja zu Recht als „alles, was *not tut* für Leib und Leben", also alles, was zum Lebenserhalt wirklich *gebraucht* wird. Allein das wirft doch eine Menge Fragen auf, die weit über Luthers lange Aufzählung von „Essen und Trinken, Kleider und Schuh" hinausgehen. Was brauchen wir eigentlich wirklich zum Leben? Brauchen wir in Deutschland 731

Brotsorten? Brauchen wir über 400 Fernsehprogramme? Brauchen wir für jeden noch so kleinen Weg ein Auto? Müssen wir mehr als einmal im Jahr in Urlaub fahren oder rund um das Jahr frische Erdbeeren essen? Wer um das tägliche Brot bittet, bittet jedenfalls nicht gedankenlos um jedweden Luxus. Er ist vielmehr angehalten, sich erst einmal gründlich Gedanken zu machen über das, was für sein – und vielleicht nicht nur für *sein* – Leben nötig ist. Luther hatte da seine Antworten gefunden – von „Essen und Trinken" bis zu „fromm Gemahl" und „treuen Oberherren". Wir werden sicher unsere finden müssen.

Das wirft dann aber sogleich das nächste Problem auf. Es hängt mit den Wörtchen „täglich", „heute" bzw. „Tag für Tag" zusammen. Sie stehen im biblischen Text ja für das Vertrauen, dass Gott eben „täglich" neu für das sorgen wird, was wir zum Leben brauchen. Nicht wenige Menschen haben gerade mit dieser Seite ihres Glaubens ihre geregelten Schwierigkeiten. Jesu Aufforderung, „nicht für morgen" zu sorgen, sei ja gut und schön. Aber das sage man mal einer alleinerziehenden Mutter, die doch gerade ihrer – auch christlichen – Verantwortung gegenüber sich und ihren Kinder nachkomme, *indem* sie in der Tat Sorge trage für morgen und möglichst auch für übermorgen und nicht einfach verantwortungslos in den Tag hineinlebe. Und müsse man dieses schlichte Beispiel nicht sinngemäß ausdehnen auf unser ganzes Leben mit all seinen vielen Gefahren und Risiken? Sollen wir in kindlichem Gottvertrauen etwa keine Krankenversicherung mehr abschließen, weil wir uns ja, wie Jesus sagt, angeblich „nicht um unser Leben sorgen sollen" (Matthäus 6,25)? Sollen wir uns etwa nicht mehr um Kleidung, Wohnung und Arbeit kümmern, um Gesundheit und Sicherheit, um Altersvorsorge und vielleicht einmal nötig werdende Pflege, um Umweltschutz und Frieden in unserem Land?

Wohl kaum. Denn sonst wären ja die vielen biblischen Weisungen, unser Leben in der Tat überaus verantwortlich zu gestalten und wo nötig eben auch tatkräftig in die Hand zu nehmen, völlig unverständlich. Am Ende seiner Rede über das „sorgt nicht" nimmt Jesus vielmehr eine deutliche Prioritätensetzung vor: „Trachtet zuerst nach dem Reich Gottes und nach seiner Gerechtigkeit!" *Zuerst!* Es gibt im Reich Gottes offenbar Wichtiges und sehr Wichtiges. Bei aller berechtigten Sorge um unser materielles Auskommen, so wie es die Brotbitte ja unzweideutig auf den Punkt bringt, soll unser Leben nicht in der leiblichen Sorge aufgehen. Der Mensch lebt eben „nicht vom Brot allein, sondern von einem jeden Wort, das aus dem Mund Gottes geht" (Matthäus 4,4). Hier werden die Prioritäten geradegerückt. Man kann vor lauter Daseinssorge, vor lauter Versicherungen gegen alles und jegliches auch das Leben selbst verfehlen.

Vielleicht kommt es nicht so sehr darauf an, die Sorge um das eigene Dasein, die ja zu unserem Menschsein dazugehört, einfach auszuradieren, sondern sie zu akzeptieren. So wie es Wolfgang Borchert in unvergleichlich prägnante Worte fasst:

> „Was morgen ist,
> auch wenn es Sorge ist,
> ich sage: Ja!"

Dieses Ja zur Sorge um Leib und Leben bekommt mit der Brotbitte nun allerdings noch einmal eine unverwechselbare *Richtung*: „Alle eure Sorge werft auf *ihn*" (1. Petrus 5,7), heißt es verschiedentlich in der Bibel. Vielleicht ist es das. Vielleicht ist Gottvertrauen in einer noch nicht erlösten Welt nur so zu leben: Die Sorge akzeptieren *und* gleichzeitig einem anderen anvertrauen. Um das tägliche Brot bitten *und* für das tägliche Brot arbeiten. Verantwortung übernehmen *und* gleichzeitig wissen, dass „du", wie es der Liederdichter

Arno Pötzsch formuliert, „nicht tiefer fallen kannst als nur in Gottes Hand".

Doch etwas hätten wir am Ende fast übersehen. Es ist das Wörtchen „unser". Jesus fordert ja nicht dazu auf, um „mein", sondern um „*unser* tägliches Brot" zu bitten. Wir hatten uns bereits klargemacht, dass das „unser" im Vaterunser eine grundsätzliche Einweisung in die Solidarität aller Geschöpfe ist. Im gottesdienstlichen Gespräch, das der nicaraguanische Priester Ernesto Cardenal mit seinen Bauern über die Brotbitte führt, sagt Marcelino: „Um unser tägliches Brot bitten, das heißt, es für alle erbitten, damit keiner hungrig bleibt." Cardenal ergänzt: „Wir bitten darum, dass der Tag komme, an dem wir nach den Bedürfnissen jedes Einzelnen all das verteilen können, was jetzt einige für sich angehäuft haben." Neueste wissenschaftliche Studien zeigen indes, dass zurzeit ein Prozent der Weltbevölkerung mehr besitzt als die restlichen 99 Prozent zusammen. Was für eine unerträglich ungerechte Brotverteilung! Wer um „unser" tägliches Brot bittet, wird das nicht hinnehmen wollen. Spätestens hier wird Beten zur Politik. Bereits Luther machte den interessanten Vorschlag, man solle doch auf den Wappen der Fürsten die herrscherlichen Symbole wie Löwe oder Rautenkranz schlicht durch ein Brot ersetzen. Hätte er den Fürsten doch noch öfter solche guten Ideen präsentiert!

„Unser tägliches Brot gib uns heute." Kaum eine Bitte des Vaterunsers nötigt einem so viele Gedanken und neue Fragen ab wie diese. Das spricht wahrhaftig nicht gegen sie.

X. „Vergib uns unsere Schuld, wie auch wir vergeben unseren Schuldigern"

Das Ende der Verdrängung

1. Zwischen Kleinkredit, Strafrecht und Moral

„Du schuldest mir übrigens noch fünf Euro." Sabines Stimme kann manchmal einen Ton annehmen, dass man nicht mehr so recht zwischen Ernst und Spaß zu unterscheiden weiß. Gut, Recht hatte sie. Immerhin hatte sie mir letzten Samstag am Parkscheinautomaten aus der Patsche geholfen. Bis ich meinen Zwanzig-Euro-Schein irgendwo mühselig gewechselt bekommen hätte, wäre ich wahrscheinlich längst Opfer einer dieser staatsmännisch dreinblickenden Politessen geworden. Seither stand ich in der Tat, wenn man so will, in Sabines Schuld. Zum Glück konnte ich diese ein paar Tage später locker begleichen. Erledigt.

Aber so locker wie im Fall Sabine kommt man von seinen Schulden meist gar nicht los. Da verschulden sich Ehepaare auf Jahre, um sich endlich den Traum eines eigenen Häuschens zu erfüllen. Da nehmen Firmen Kredite auf, um langfristig in neue Maschinen zu investieren. Da verschuldet sich unser Staat in Milliardenhöhe, um schon jetzt die Weichen – etwa in der Bildungspolitik – für die Zukunft zu stellen. In all diesen Fällen ist Schuld nichts anderes als eine Rückzahlungspflicht für zuvor geliehenes Geld. Und solange das Geliehene – meist verbunden mit hohen Zinsen – nicht zurückgezahlt ist, steht der Schuldner (Vaterunser: „Schuldiger") eben in der Schuld des Gläubigers. Das Bürgerliche Gesetzbuch sagt nüchtern: „Kraft des Schuldverhältnisses ist der Gläubiger berechtigt, von dem Schuldner eine Leistung zu fordern" (§ 241).

„Schuld" begegnet uns aber vor allem im *strafrechtlichen* Sinne, nämlich überall dort, wo – vorsätzlich oder fahrlässig – geltende Gesetze verletzt werden, ob bei einem Verkehrsdelikt, einem Diebstahl oder gar einem Kapitalverbrechen. Irgendwann hat dann ein Gericht festzustellen, wer „schuld" ist. Diese wird anschließend durch eine angemessen Strafe sozusagen „beglichen". Wobei der grundsätzliche Sinn von Strafe durchaus umstritten ist. Soll sie der Sühne dienen? Oder der Abschreckung? Oder der Resozialisierung? Oder allem zusammen? Jedenfalls kann es ein Rechtsstaat nicht bei der bloßen Feststellung einer Schuld bewenden lassen. Es sei denn, man würde offenkundiges Unrecht einfach hinnehmen und so am Ende zum Normalfall erklären.

Nach Bezahlung oder Verbüßung einer Strafe ist für unser Rechtsempfinden die Schuld – ähnlich wie bei Sabines Fünf-Euro-Vorschuss – sozusagen „erledigt". Der ehemals straffällig Gewordene erhält alle seine bürgerlichen Rechte wieder und kehrt – wenn es denn funktioniert – zurück in die Normalität. So wurde etwa der vormalige Präsident von Bayern München, der sich eines umfangreichen Steuervergehens schuldig gemacht hatte, nach Verbüßung seiner Haftstrafe von über 7000 jubelnden Anhängern erneut zum Vorsitzenden gewählt. Seine Antwort: „Ich verspreche euch: Ich werde euch nicht enttäuschen!" Für manch anderen ist mit Verbüßung einer Strafe allerdings noch lange nicht alles erledigt. „Aliquid haeret", sagt der Lateiner. „Irgendetwas bleibt hängen." Man kann das kritisieren. In Luft löst sich Schuld meist jedenfalls nicht so schnell auf.

Doch auch abseits von Finanzen und geltendem Recht können wir einander etwas schulden. Für die schöne Zimmerazalee, die Gaby und Klaus zur Grillparty mitbringen, schulden wir ihnen – so gehört sich das – ein artiges Dankeschön. „Und im Übrigen bist du mir noch eine Antwort schuldig", wirft mir wenig später bei gleicher Gelegenheit Katharina an den Kopf. Während ich mich mit Gerd nach Vertiefung in irgendeine Fußballphilosophie am Ende wenigstens darauf verständigen kann, dass Sportler – auch bei bitterster Rivalität – einander zumindest Respekt und Fairness schulden. Hier ist Schuld also eine Art „Schuldigkeit", eine andere Form von Pflicht, die nicht so sehr durch ein geschriebenes Gesetz, sondern mehr durch so etwas wie Anstand und Konvention, Sitte und Moral, vielleicht auch durch unser Gewissen eingefordert wird. Bei Nichterfüllung solch einer Pflicht sind wir dem anderen dementsprechend etwas „schuldig geblieben". So gesehen bleiben wir einander eigentlich tagtäglich auf vielfache Weise etwas schuldig: sei's an Dank und Wertschätzung, sei's an Zeit und Aufmerksamkeit, sei's an Unterstützung und tätiger Nächstenliebe.

„Und vergib uns unsere Schuld, wie auch wir vergeben unsern Schuldigern", heißt es im Vaterunser. Da taucht doch sogleich eine Menge von Fragen auf. Was soll das für eine Art von Schuld sein, die wir *Gott* gegenüber haben? Etwa so etwas Ähnliches wie eine Zahlungspflicht? Oder mehr eine moralische Schuldigkeit? Oder geht es bei dieser Schuld auch um irgendeine Rechtsverletzung, die logischerweise dann auch eine entsprechende Ahndung, gar Strafe nach sich ziehen würde? Und was heißt in dem Zusammenhang überhaupt „Vergebung"? Nicht zuletzt: Was hat es eigentlich mit dem merkwürdigen Nachsatz auf sich, der plötzlich von *unserem* Vergeben handelt?

Und schon sind wir dabei, einmal wieder in der Bibel zu blättern ...

2. Vergebung und die Folgen

Es ist immer wieder verwunderlich, auf welch vielfältige Weise in der Bibel das Verhältnis zwischen Gott und Mensch beschrieben wird: als Liebesbeziehung, als väterliche Fürsorglichkeit, als mütterliche Geborgenheit, als Herrschafts- oder als Dienstverhältnis, als Männerfreundschaft, als Bundesschluss zwischen Partnern, als Blutsverwandtschaft, als Hirte und Herde, als Beziehung zwischen Arzt und Patient, ja sogar als Töpferwerkstatt – um nur einiges zu nennen. Und jedes Bild birgt jeweils ganz eigene Botschaften. Sie widersprechen sich nur oberflächlich. In Wahrheit sind sie in ihrer Verschiedenheit vielmehr Ausdruck eines großen Reichtums. Gott lässt sich nicht auf ein „Bild" festlegen.

In der Bitte „vergib uns unsere Schuld, wie auch wir vergeben unsern Schuldigern" wird die Beziehung zwischen Gott und Mensch offensichtlich als ein *Rechtsverhältnis* gesehen. Das griechische Wort, das im Urtext für „Schuld" (wörtlich „Schulden") steht, meint zunächst einfach die rechtlich vorgesehene Rückzahlungspflicht für etwas zuvor Empfangenes. So wie wir das etwa vom Kleinkredit beim Kauf eines neuen Kühlschranks her kennen, wo wir ja dem Verkäufer, solange die Ware nicht abbezahlt ist, etwas schuldig bleiben. Dieser Gedanke, jemandem etwas schuldig zu sein, wird in unserer Bitte nun auf das Verhältnis zu *Gott* übertragen. Aber im Ernst: Sind wir Gott gegenüber etwas schuldig?

Ja, sagt die Bibel an mehr als nur einer Stelle. Deine Schuldigkeit Gott gegenüber besteht schlicht in der Beachtung und Befolgung seiner *Gebote*. Sie weisen dich ein in die Liebe gegenüber Gott und dem Nächsten. Mögen in anderen Beschreibungen des Verhältnisses zwischen Gott und Mensch andere Aspekte in den Vordergrund treten, *hier* geht es nun einmal um den Aspekt dieser menschlichen *Pflicht*. Die viel zitierte reformatorische Erkenntnis, wonach der Mensch vor Gott „allein aus Gnade" gerechtfertigt ist, widerspricht dem nicht. Sich von Gott ohne Vorbedingung geliebt zu wissen, heißt ja noch lange nicht, nun aller Pflichten ledig zu sein. „Allein aus Gnade" heißt lediglich, dass sich der Mensch die Liebe Gottes nicht erkaufen, sondern nur schenken lassen kann. Aber als Beschenkter wird er durchaus neu in die Pflicht genommen, nämlich die der *Liebe*, die der Sinn aller Gebote ist. „Seid niemandem etwas schuldig, außer dass ihr euch untereinander liebt; denn wer den andern liebt, der hat das Gesetz erfüllt", sagt Paulus (Römer 13,8).

Es gehört nun allerdings auch zur biblischen Nüchternheit, dass der Mensch an dieser Pflicht immer wieder jämmerlich *scheitert*. Liebe wird eben *nicht* allenthalben geübt. Aus der – nicht erfüllten – „Schuldigkeit" Gott gegenüber wird nun eine regelrechte *Rechtsverletzung*. Gottes Gebot nicht zu beachten und nicht zu befolgen nennt die Bibel ohne Umschweife „*Sünde*". Insofern ist es nachvollziehbar, wenn der Evangelist Lukas in seiner Version des Vaterunsers nicht wie Matthäus von „Schulden", sondern von „Sünden" spricht. Schuld Gott gegenüber, also die Missachtung und Übertretung seiner Gebote ist somit etwas anderes als eine überfällige Rate beim Kühlschrankkauf. Hier steht vielmehr eine *Beziehung* auf dem Spiel. Wer Gottes Gebot verachtet, verachtet ja Gott *selbst*. Tut ja gerade so, als ob Gott sein eigenes Wort nicht ernst nehme, als habe er alles so nicht gemeint. Insofern ist Sünde mehr als nur ein lässlicher Fehltritt. So wie wir etwa nach Verzehr einer Sahnetorte behaupten, dass „ein wenig Sündigen doch wohl noch erlaubt" sei. Für die Bibel ist Sünde etwas sehr anderes: eine tiefe Beziehungsstörung, ein willentlicher Bruch mit Gott.

Aber wie aus einer solchen Schuldenfalle wieder herauskommen? Das Vaterunser geht offensichtlich davon aus, dass der Mensch das von sich aus gar nicht kann. Deshalb richtet es seine Bitte an Gott: „*Vergib* uns unsere Schuld!" Im griechischen Urtext steht wörtlich und wiederum in der Sprache des Rechts- und Finanzwesens: „*Erlass* uns unsere Schulden!" Gemeint ist nicht: Entbinde uns von der Verpflichtung zur Liebe! Gemeint ist vielmehr: Siehe bitte von einer Ahndung unserer Rechtsverletzung, von einer Strafe für unsere Sünde ab! Lass Gnade vor Recht ergehen! Man stelle sich eine solche Bitte im Zusammenhang eines normalen Gerichtsverfahrens vor: „Herr Richter, ich habe zwar gerade eine Frau überfallen, aber verschonen Sie mich bitte mit einer Strafe!" Geradezu aberwitzig. Doch das Vaterunser weiß offenbar um eine andere Gerichtsbarkeit. So, wie sie etwa in den Worten des 103. Psalms zum Ausdruck kommt: „Er handelt *nicht* mit uns nach unsern Sünden und vergilt uns *nicht* nach unsrer Missetat." Der neutestamentliche Glaube sieht diese andere Gerichtsbarkeit Gottes, in der Gnade vor Recht ergeht, im Kreuzestod Jesu „zur Vergebung der Sünden" (Matthäus 26,28) bestätigt. Im Kreuz wird jene Beziehungsstörung zwischen Mensch und Gott aufgehoben. Dass das nun auch für uns gelte, darum bittet das Vaterunser an dieser Stelle.

Doch was hat es nun mit dem merkwürdigen Zusatz „wie auch wir vergeben unsern Schuldigern" auf sich? Grundsätzlich stellt er ja einen Zusammenhang zwischen dem Handeln Gottes und unserem Handeln her, markiert durch das Wörtchen „wie". Wie sollen wir dieses „wie" verstehen? Würde man es wörtlich nehmen, hieße das ja, dass Gottes vergebendes Handeln sich nach unserem Handeln auszurichten hätte. Da kann man aber nur spontan ausrufen: Hoffentlich *nicht*! Wie furchtbar, wenn Gott es mit mir so machen würde, wie ich es meist mit meinen Mitmenschen mache. Ich weiß doch zu genau, wie wenig vergebungsbereit ich bin, wenn mir ein Unrecht widerfährt. Wie sehr ich mich meist darin ergehe, vor- und aufzurechnen und mich moralisch im Recht zu wähnen. Und das soll nun das Muster sein, nach welchem auch Gott mit mir umgehen soll, wenn es heißt: „Und vergib uns unsere Schuld, *wie auch wir* vergeben unsern Schuldigern"? Nein danke.

Aber das Wörtchen „wie" kann im griechischen Urtext auch eine etwas andere Bedeutung haben. Etwa im Sinne von „wie denn auch" oder einfach nur „so". Das würde bedeuten, dass unser Handeln sich genau umgekehrt nach Gottes Handeln auszurichten hätte. Also etwa: Vergib uns unserer Schulden, so wie wir es denn auch mit unseren Mitmenschen halten wollen. Dafür gibt es nun allerdings eine Menge an biblischen Belegen. Etwa wenn Jesus sagt, dass er uns „ein Beispiel gegeben habe, damit ihr tut, wie ich euch getan habe" (Johannes 13,15). Oder wenn uns an mehr als einer Stelle empfohlen wird, dem „Vorbild" Christi zu folgen (1. Petrus 2,12). Doch der anschaulichste Beleg für die richtige „Reihenfolge" von göttlichem und menschlichem Handeln ist wohl das „Gleichnis vom Schalksknecht" (Matthäus 18,23 ff):

Ein König wird gewahr, dass ihm einer seiner Knechte eine unvorstellbar große Summe Geldes schuldet: 10.000 Talente. Das sind 50 Millionen Tagelöhne eines Arbeiters. Es droht die Versklavung des Knechts mitsamt seiner Familie. In seiner völligen Hoffnungslosigkeit bittet dieser um Aufschub der Rückzahlung. „Da hatte der Herr", so heißt es, „Erbarmen mit diesem Knecht und ließ ihn frei und die Schuld erließ er ihm auch." Soeben von einer gigantischen Schuldenlast befreit, trifft nun der Knecht auf einen seiner

Mitknechte, der ihm 100 Silbergroschen schuldet. Statt ihm nun seinerseits die vergleichsweise geringe Schuld zu erlassen, hat der Knecht nichts Besseres zu tun, als seinem Schuldner an die Gurgel zu gehen und ihn ins Gefängnis zu werfen, „bis er bezahlt hätte, was er schuldig war". Der König, dem das zu Ohren kommt, hält ihm am Ende vor: „Deine ganze Schuld habe ich dir erlassen, weil du mich gebeten hast; hättest du dich da nicht auch erbarmen sollen über deinen Mitknecht, wie ich mich über dich erbarmt habe?"

Die sachliche Parallele zur Vergebungsbitte im Vaterunser ist evident: So wie in der Geschichte dem großen Erbarmen von Seiten des Königs das kleine Erbarmen von Seiten des Knechtes zu folgen hätte, so sollen in den Worten des Vaterunsers der Bitte um die große Vergebung von Seiten Gottes die kleinen Vergebungen von Seiten des Menschen gegenüber seinen Mitmenschen folgen. Man kann nicht Gottes Barmherzigkeit gerne in Anspruch nehmen wollen und sich gleichzeitig seinem Mitmenschen gegenüber als unbarmherzig und unversöhnlich erweisen. „Wie auch wir vergeben unsern Schuldigern" – das nimmt den Beter des Vaterunsers noch einmal ganz neu in die Pflicht. Die Pflicht der Vergebung. Aber was heißt hier schon „Pflicht"? „Bewahren wir doch ein wenig Humor im Blick auf unsere Beleidiger", schreibt Karl Barth. „Haben wir doch für die anderen diese kleine Bewegung … der Freiheit!"

3. Eine neue Haltung

„Schuld und Vergebung". Es hat schon eine merkwürdige Bewandtnis mit diesem Thema. Einerseits gehört es wie selbstverständlich in den Horizont des Glaubens. So z. B. im Gottesdienst, wo es etwa im Sündenbekenntnis oder im Gnadenzuspruch, im Glaubensbekenntnis oder in manchen Choralstrophen seinen angestammten liturgischen Platz hat. Andererseits scheinen „Schuld und Vergebung" unserer alltäglichen Erfahrung fast gänzlich entrückt. Wo empfinde ich schon einmal ein wirkliches Schuldig-Sein? Wo habe ich schon einmal wirklich Vergebung erfahren oder gewährt? Fehler, Schwächen, kleine Irrwege – o. k. Aber Schuld? Und umgekehrt: Verzeihen, Nachsicht üben, Milde walten lassen – o. k. Aber Vergebung? „Schuld und Vergebung" – ein fast ikonenhaft-kryptisches Thema, entrückt in den Elfenbeinturm der Liturgie. In den Niederungen des Alltags indessen von wenig Relevanz. So scheint es jedenfalls.

Doch könnte es nicht sein, dass das Thema durchaus noch von großem Gewicht ist, wir es aber nur *verdrängen*? Es geht im Vaterunser ja nicht um irgendeine, sondern um *unsere*, also auch um *meine* Schuld. Es ist doch zumindest auffällig, dass man von „meiner" Schuld gerade im Alltag so gut wie gar nichts hört. In gefühlten 99 Prozent aller Konflikte ist es doch stets der *„Andere"*, der schuld ist, während ich natürlich immer Recht habe. Dieses Abwehrverhalten, so etwas wie eigene Schuld gar nicht erst an sich herankommen zu lassen, ist von unserem Volk nach der Zeit des Nationalsozialismus im ganz großen Stil praktiziert worden. Für die Soziologen Alexander und Margarete Mitscherlich war dieses verweigerte Schuldeingeständnis der Deutschen, diese „Unfähigkeit zu trauern", der Grund für eine gesellschaftliche Apathie, wie sie noch viele Jahre auf der Nachkriegszeit gelastet hat. Man kann sagen: Allein mit der *Nennung* von „unserer Schuld" durchbricht das Vaterunser alle Selbstlähmung. Jeder Seelsorger weiß, wie befreiend schon das bloße Aussprechen einer Last sein kann.

Schuld kann aber auch da verdrängt werden, wo behauptet wird, es handele sich bei dem, was wir „Schuld" nennen, um ein bloßes Schuld*gefühl*. Gewiss gibt es eingeredete Schuldgefühle, wo objektiv gar keine Schuld vorliegt. Solche Gefühle sind ernst zu nehmen und wo nötig auch therapeutisch zu bearbeiten. Umgekehrt wünschte man sich bei dem einen oder anderen Straftäter schon auch ein etwas ausgeprägteres Schuld*bewusstsein*. Doch das Vaterunser bittet um die Tilgung eines schuldhaften *Tatbestandes* – unabhängig davon, ob wir uns dessen bewusst sind oder auch nur mit einem schlechten Gewissen herumlaufen.

Nun könnte man sagen: Zur Feststellung einer objektiven Schuld reicht doch ein Blick z. B. in das Strafgesetzbuch und am Ende der Schuldspruch eines ordentlichen Gerichts. Insofern erscheint eine Schuld relativ leicht erkennbar, wo – etwa bei einem Ladendiebstahl – geltendes Recht verletzt wird. Aber was ist mit jemandem, der im selben Kaufhaus ein spottpreiswertes T-Shirt ersteht, wohl wissend, dass der niedrige Preis nur durch die ausbeuterischen Löhne von Frauen und Kindern oder die Umgehung von Arbeitsschutzbestimmungen und Umweltauflagen in den Produktionsländern zustande gekommen ist? Offensichtlich kann man schuldig werden, ohne dabei gegen geltendes Recht zu verstoßen.

Nein, die Bitte um Vergebung unserer Schuld nötigt uns schon, ein wenig genauer hinzusehen und ehrlicher mit uns selbst umzugehen. Etwa, was unseren – zumindest im Weltvergleich – völlig verschwenderischen und zerstörerischen Lebensstil angeht. Und dann könnte es sein, dass wir am Ende erkennen, wie sehr wir mit all unseren „Gedanken, Worten und Werken" (Luther) in die verschiedensten großen und kleinen, offenen und verborgenen Schuldzusammenhänge verstrickt sind. Man hat dem Christentum immer wieder ein „negatives Menschenbild" vorgeworfen. Aber hat der Apostel Paulus mit seiner Aussage, dass „sie allesamt Sünder sind" (Römer 3,23), nicht schlichtweg Recht? Schönreden von unangenehmen Tatsachen ist jedenfalls mit dem Vaterunser nicht zu machen.

Ja, vielleicht ermutigt uns die Bitte um Vergebung unserer Schuld noch einmal zu einer ganz neuen *Haltung*. Vergleichbar der des schuldbeladenen Zöllners, der im Tempel von ferne stehend nur noch stammeln kann: „Gott, sei mir Sünder gnädig!" (Lukas 18,13) Und vielleicht könnte eine solche andere Haltung dann auch der gute Grund sein, mit seinen Mitmenschen anders – eben gnädiger – umzugehen. So holt uns das Vaterunser einmal mehr aus einer rein passiven, *nur* bittenden Haltung heraus. Es weist uns vielmehr ein in eine neue Bereitschaft zur *Aktivität*. Wer betet: „Vergib uns unsere Schuld, wie auch wir vergeben unsern Schuldigern", der wird jedenfalls nicht so schnell die Hände in den Schoß legen.

X. „Führe uns nicht in Versuchung"

Jenseits von Pralinen und Bettgeschichten

1. „Was verboten ist, das macht uns gerade scharf"

„Wenn Sie an solchen Sachen interessiert sind, ich habe noch mehr davon." Der freundliche Händler hinter dem Büchertisch auf dem Ruhrorter Trödelmarkt zwinkert mir vielsagend zu. Ich halte gerade ein Taschenbuch in der Hand: „Führe mich in Versuchung". Man ahnt, worum es geht. Das Bild auf dem Cover ist jedenfalls von eindeutiger Zweideutigkeit: entkleidete Frau vor Spiegel. Geschickt benutzt die Autorin die ein wenig verfremdete Bitte des Vaterunsers, um den Leser mit irgendeiner erotischen Story „anzumachen". Sex sells. Ein alter Trick. Denn wenn es nach den Klatschspalten der Regenbogenpresse ginge, so wäre Versuchung vor allem etwas aus dem Nähkästchen prominenter Bettgeschichten. „Wenn Sie an solchen Sachen interessiert sind, ich habe noch mehr davon."

So sehr das Thema „Versuchung" aus unserem Glaubensleben verschwunden zu sein scheint, so sehr hält es – eben augenzwinkernd – seinen Stammplatz in der alltäglichen Trivialität. Liegt es daran, dass den Versuchungen des Lebens wohl etwas Verbotenes und insofern auch Reizvolles anhaftet? Schließlich gilt: „Was verboten ist, das macht uns gerade scharf", um es mit einem Lied Wolf Biermanns zu sagen. Aber dann ist am Ende alles offenbar doch nicht so schlimm. Denn wenn es nach einer bestimmten Süßwarenfirma ginge, die ihr Produkt als „die zarteste Versuchung, seit es Schokolade gibt", bewirbt, so gehört das Thema „Versuchung" eher in die Abteilung „Harmlosigkeit". Nach dem Motto: „Ein bisschen Sündigen wird ja wohl noch erlaubt sein". Und schon ist ein weiteres Stück Sahnetorte von unserem Kuchenteller verschwunden. Doch im Ernst: Ist es vorstellbar, dass es im Vaterunser um nichts Wichtigeres geht als um ein paar Pralinen zu viel oder irgendeine Schlüpfrigkeit rund um das Schlafzimmer?

Das Grimmsche Wörterbuch klärt uns darüber auf, dass der Begriff „Versuchung" „meist im schlimmen Sinne von der mit Gefühlen der Lust verbundenen Anreizung zum Bösen" gebraucht wird. „Mit Gefühlen der Lust verbundene Anreizung." Aha. Dann liegen die vielen Bettgeschichten von Stars und Sternchen am Ende doch nicht so daneben? Und hat für diese – sagen wir einmal: etwas anrüchige – Sicht der Dinge nicht die Bibel selbst ein überaus prominentes Pärchen aufzubieten? Nicht zu zählen jedenfalls die vielen Darstellungen des Paradieses auf Altären und in alten Bibeln, in denen Eva in verführerischer Pose Adam den Apfel darbietet – sozusagen als symbolisches Aphrodisiakum. Da werden doch manch männliche Phantasien von der Kette gelassen. Immerhin waren schon so bedeutende frühchristliche Theologen wie etwa Origenes oder Augustinus der Ansicht, die eigentliche Sünde Evas habe vor allem in der sexuellen Verführung Adams bestanden. Wo sie das in der Schöpfungsgeschichte gelesen haben wollten, haben sie allerdings nicht dazugesagt.

Doch die Brüder Grimm sprechen in dem Zusammenhang auch von „schlimm" und von dem „Bösen". Das deutet an, dass es bei „Versuchung" wohl noch um etwas anderes als einen Seitensprung oder ein harmloses Sahneteilchen geht. Aber worum denn? Wir können es hier kurz machen: Mit all dem bürgerlich verklemmt-betulichen Augenzwinkern hat das, was die Bibel unter „Versuchung" versteht, nichts, aber auch gar nichts zu tun.

2. Gewaltige Aussagen

Das griechische Wort „peirasmós", das im Vaterunser mit „Versuchung" wiedergegeben wird, meint zunächst einmal schlicht *„Prüfung"*. Ein Vorgang, wie wir ihn etwa von der Fahrschule oder einer Ausbildung her kennen. Nach Beendigung eines bestimmten Lernprozesses muss nachgewiesen, eben geprüft werden, ob das Lernen überhaupt erfolgreich gewesen, also eine bestimmte angestrebte Kompetenz erworben worden ist. Dass er prima Autofahren könne oder sich gar zutraue, ein Loch im Zahn zu behandeln, mag ja mancher behaupten. Aber ob wir ihn deshalb auch gleich ungeprüft ans Lenkrad lassen oder ihm gar einen Bohrer in die Hand drücken? Da gruselt es einen doch eher.

Ähnlich wird hier und da in der Bibel von „Prüfen" gesprochen. Dass er an Gott glaube, mag auch da manch einer behaupten. Aber ob ein solcher Glaube sich wirklich in der Realität des Lebens bewährt und als echt und tragfähig erweist, steht auf einem ganz anderen Blatt. Immer wieder wird davon berichtet, wie Menschen in Situationen geführt werden, die sie in der Tat als eine Art „Prüfung" ihres Glaubens empfinden. Meist sind es Situationen der Bedrängnis – Verfolgung, Gewalt, üble Nachrede –, die den Beter sagen lassen: „Du, gerechter Gott, prüfst Herz und Nieren" (Psalm 7,10).

Gott selber ist sozusagen der „Prüfer", der den Glauben auf seine Echtheit hin „prüft". Ja, gleichsam wie eine examenswillige Studentin ihre Professorin um einen ordentlichen Nachweis ihres erfolgreichen Lernens bittet, so betet der biblische Glaube: „Erforsche mich, Gott, und erkenne mein Herz; prüfe mich und erkenne, wie ich's meine. Und sieh, ob ich auf bösem Wege bin, und leite mich auf ewigem Wege" (Psalm 139,23f).

Das wohl eindrücklichste biblische Beispiel für solch eine Glaubens„prüfung" ist die Geschichte von Abraham und seinem Sohn Isaak (1. Mose 22,1-19). Mit einem menschlich kaum nachvollziehbaren Befehl, nämlich seinen eigenen Sohn als Opfer darzubringen, wird der Glaube Abrahams auf eine schier unerträgliche Probe gestellt. Abraham gehorcht – ohne zu ahnen, dass der Knabe in letzter Sekunde verschont werden wird. Gott will keine Menschenopfer. Aber er will unbedingtes Vertrauen. „Abraham glaubte dem Herrn und das rechnete er ihm zur Gerechtigkeit", heißt es an anderer Stelle (1. Mose 15,6). Im Neuen Testament wird Abraham deshalb verschiedentlich als Vorbild im Glauben hingestellt (vgl. Römer 4,1-4; Hebräer 11,17-19).

Obwohl das Wort „Prüfung" dort wörtlich nicht vorkommt, wird man auch die berühmte Geschichte von Hiob so verstehen können. Hiob, ein Mann „fromm und rechtschaffend, gottesfürchtig und das Böse meidend" (Hiob 1,1), wird in seinem Glauben auf eine überaus harte Probe gestellt. Nach und nach verliert er Haus und Hof, Vieh und Gesinde, Söhne und Töchter, seine Gesundheit und am Ende sogar die Achtung seiner Frau. Doch dann heißt es: „In dem allen versündigte sich Hiob nicht mit seinen Lippen" (Hiob 2,10). Diese durchgehaltene, aber gleichwohl von vielen Anfechtungen, Zweifeln und Bitterkeiten begleitete Glaubenstreue Hiobs erfährt schließlich die Segnung durch Gott (Hiob 42,12). „Prüfung bestanden" – so könnte man eine Note unter diese beiden Glaubensgeschichten von Abraham und Hiob setzen.

Doch gleichzeitig berichtet die Bibel davon, dass Glaubensprüfungen auch *nicht* bestanden werden können. Dass Menschen angesichts von Bedrängnis, Verfolgung und Leid ihrem Glauben nicht treu bleiben. Dass es durchaus „Mächte und Gewalten" (Römer 8,28) gibt, die uns den Glauben abspenstig machen und das Vertrauen in Gott zerstören können. Hier kommt nun eine weitere, sozusagen „tiefere" Bedeutung des griechischen Wortes „peirasmós" ins Spiel, eben *„Versuchung"*, so wie wir es im Vaterunser ja auch sprechen. Versuchung im biblischen Sinne ist – einfach gesagt – ein solches Abspenstigmachen des Glaubens. Ein Abfallen, wenn Bedrängnis droht. Ein Aufkündigen des Gottvertrauens, wenn andere Götter locken. Ein Verlassen der Gebote, wenn anderweitige Vorteile winken.

Und auch das wird an mehr als einer biblischen Geschichte vor Augen geführt. Allen voran in der Erzählung von der „Versuchung Jesu" (Matthäus 4,1-11). In ihr wird berichtet, wie Jesus in die Wüste geführt wird, um vom Teufel „versucht" zu werden. Für „Teufel" steht im griechischen Urtext das Wort „diábolos", wörtlich: der „Verleumder" bzw. „Entzweier". Genau das ist nun das „Diabolische" dieses „Versuchers", dass er sich anschickt, Jesu Gottvertrauen zu „entzweien". Und das auf durchaus „verführerische" Weise. Denn was wird Jesus nicht alles von dem Versucher in Aussicht gestellt: Sättigung, Unversehrtheit, Macht und Herrlichkeit. Wer hätte all das nicht gerne? Aber um welchen Preis? „Falle nieder und bete mich an!"

Und derselbe, der der Versuchung widersteht, von Gott abzufallen und statt dessen den „diábolos", den „Entzweier" anzubeten, fordert nun uns im Vaterunser auf, Gott zu bitten: „Führe uns nicht in Versuchung!" Es ist die Bitte des Glaubens, der sehr wohl um die Anfechtung weiß. Der sich sehr wohl der vielen „Mächte und Gewalten" bewusst ist, die geeignet sind, unser Gottvertrauen zu zerstören. Die Bitte, nicht in Versuchung geführt zu werden, lebt aus dem Konflikt, den wohl jeder kennt, der es mit dem Glauben ernsthaft aufnimmt. Und der seinen Ursprung in der Tatsache hat, dass wir auch als grundsätzlich mit Gott Versöhnte immer noch in einer „nicht erlösten Welt" leben, wie es in der Barmer Theologischen Erklärung von 1934 heißt. Kein Wunder, dass der Glaube immer wieder auch als ein *„Kampf"* (1. Timotheus 6,12) beschrieben wird. So wie Jesus selbst im Garten Gethsemane darum ringt, dass „dieser Kelch an mir vorübergehe" (Matthäus 26,39) und seine Jünger auffordert, „nicht in Versuchung zu fallen" (26,41), so wird dem angefochtenen Glauben zugemutet, „mit Mächtigen und Gewaltigen, mit den Herren der Welt, die über diese Finsternis herrschen, mit den bösen Geistern unter dem Himmel zu kämpfen" (Epheser 6,12).

Was für gewaltige, erregende Aussagen! Von harmlosen Sahneteilchen oder betulichen Bettgeschichten ist schon lange keine Rede mehr.

3. Keine von Gott geschickten „Prüfungen"

Wenn wir die biblischen Texte richtig verstanden haben, geht es bei „Versuchung" um eine sehr ernste Bedrohung. Es ist die mitunter durchaus süße, aber gleichwohl ganz und gar nicht harmlose Gefahr, uns von Gott abzuwenden, sobald ein vermeintlicher Vorteil winkt. Auch Jesus werden in der Wüste ja handfeste Vorteile versprochen: Stillung des Hungers, absolute Sicherheit für Leib und

Leben, Macht und Reichtum in Fülle. Wer wollte solchen Verheißungen standhalten? Aber genau das ist das Versuchliche, das Süße, das Verführerische daran, dass es sich oft alles so angenehm ausnimmt, wenn wir Gott einmal hübsch beiseiteschieben und unseren eigenen Vorteil an seine Stelle treten lassen. Dass wir schnell geneigt sind, anderen „Göttern", anderen Interessen, anderen Einflüssen, anderen Meinungen und Moden nachzulaufen oder vielleicht auch nur Gott einen guten Mann sein zu lassen. Ja, es ist nicht nur der blanke Atheismus, der sich von Gott abwendet, es kann auch ein Christentum sein, das Gott zu einem harmlosen Väterchen degradiert, der für unser Leben praktisch gar keine Bedeutung mehr hat. Versuchung hat viele Gesichter.

Es sind durchaus nicht nur immer – mit dem Heidelberger Katechismus zu sprechen – „unsere erklärten Feinde" (Frage 127), die uns den Glauben abspenstig machen wollen. Es ist vielleicht manchmal nur der schlichte Wunsch, von Gott in Ruhe gelassen zu werden und der Welt gefällig zu sein. Eine solche Versuchung schildert der Theologe Karl Barth in einer aufrüttelnden Predigt aus dem Jahr 1916. Darin geht es um den „Pfarrer, der es den Leuten recht macht". Ein solcher Pfarrer, so Barth, „folgt seinen eigenen menschlichen Gedanken, bleibt innerlich ein ruhiger, bequemer und sicherer Mann, vermeidet gewandt allen Anstoß, hofft und erwartet wenig oder nichts von Gott." Er höre wohl oft, „ein Pfarrer habe es schwer, es *allen* Leuten recht zu machen. Die Sache verhält sich anders: ein Pfarrer kann es überhaupt *niemand* recht machen, ein Pfarrer, der irgend jemand beruhigen und zufrieden stellen würde, ein solcher Pfarrer wär ein falscher Prophet."

Was Barth hier am Beispiel eines Pfarrers schildert, ist durchaus auf das Christsein im Ganzen zu übertragen. „Everybody's darling" zu sein – wer wollte das nicht? Aber so wenig es einer Pfarrerin oder einem Pfarrer – entgegen einem verständlichen menschlichen Bedürfnis – darum gehen kann, vor allem „beliebt" zu sein, so wenig kann es im Glauben überhaupt darum gehen, ständig von allen Seiten mit Beifall bedacht zu werden. Ein Christ kann um Gottes Willen nicht allen zu Gefallen sein. Doch genau das ist eine der großen Versuchungen des Glaubens, dass sie oft so wenig schrecklich, so süß, so unmerklich daherkommt.

Wir werden hier unschwer an den Titel eines berühmten Buches erinnert, das vor einigen Jahrzehnten die Öffentlichkeit erregte: „Die geheimen Verführer" von Vance Packard. Der Autor machte darin auf das Problem aufmerksam, dass viele Menschen durch Mobilisierung von unterschwelligen, „geheimen", gar „unterbewussten" Instinkten zum Kauf von Waren „verführt" würden, die mit ihren tatsächlichen Bedürfnissen gar nichts zu tun hätten. Es ist wohl wahr: Gerne beliebt es den „Verführer", sich zu maskieren. Auch der „diábolos" in der Geschichte von der Versuchung Jesu kommt mit seinen tollen Versprechungen ja durchaus elegant und scheinbar menschenfreundlich daher. Einmal zitiert er sogar ein frommes Wort aus der Bibel. Diese Geschmeidigkeit des Verführers kennen wir auch aus der bereits erwähnten Paradiesgeschichte. Nein, nicht in der angeblich erotischen Verlockung durch die Frau, sondern in der schmeichelnden Stimme der Schlange: „Ja, sollte Gott gesagt haben?" (1. Mose 3,1) Eine „geheime Verführerin". Doch wie Packard dagegenhält, dass wir über eine „starke Verteidigungswaffe gegen derartige Verführer" verfügen, nämlich zu *wissen*, was gespielt wird", so entlarvt Jesus die süßen Verheißungen und vermeintlich frommen Sprüche des „diábolos" als Entfremdung von Gott und zieht die einzig mögliche Konsequenz: „Weg mit dir, Satan!"

Doch wir sind nicht Jesus. Und mit einem markanten „Weg mit dir, Satan!" ist es angesichts der tausendfachen täglichen Versuchungen nicht getan. Vielleicht müssen wir an dieser Stelle noch einmal auf die beiden verschiedenen Bedeutungen des griechischen Wortes „peirasmós" zurückgreifen: „Prüfung" und „Versuchung". Prüfungen, Anfechtungen, innere und äußere Bedrängnisse gehören zum Glauben. Ja, der biblische Psalmbeter bittet geradezu darum: „Prüfe mich, Gott!" Und der Jakobusbrief erachtet es sogar als „lauter *Freude*, wenn ihr in mancherlei Anfechtungen fallt". Warum? Weil „ihr wisst, dass euer Glaube, wenn er bewährt ist, Geduld wirkt" (Jakobus 1,2f). So schwer das auch manchmal im Einzelnen zu ertragen sein mag, es gibt Anfechtungen und Bedrängnisse, die Menschen nicht nur niederdrücken, sondern am Ende auch stark machen können. Um eine anfechtungslose oder gar völlig leidbereinigte Welt wird mit der Bitte, „uns nicht in Versuchung zu führen", jedenfalls nicht gebetet.

Aber es gibt auch die zweite, „tiefere" oder sollen wir sagen: dramatischere Bedeutung des Wortes, eben die der „Versuchung". Also der Vorteil versprechenden, nicht selten verborgenen, mitunter gar süßen Macht, der wir gerade nicht so einfach Herr werden. Wie viele angebliche „Segnungen" eines angenehmen, bequemen, kurzweiligen und lustorientierten Lebens nehmen wir tagtäglich wie selbstverständlich in Anspruch, ohne auch nur einen Gedanken daran zu verschwenden, mit wie viel Schmerz und Qual, Ausbeutung und Unterdrückung, Leid und Tod, Zerstörung und Vernichtung solche „Segnungen" erkauft sind: die günstigen Schweinelendchen im Sonderangebot, die praktischen Plastikbeutel an der Obsttheke, das preiswerte T-Shirt im Mode-Shop, der Billigflug nach Berlin. Das Verderbliche tarnt sich in der Regel gerade dadurch, dass es uns vordergründig als so vorteilhaft, als so nützlich oder gar lustvoll begegnet. Ernest Hemingway, der viel gerühmte Literaturnobelpreisträger, begründete seine häufige Teilnahme an afrikanischen Großwildjagden seinerzeit damit, dass er eben „gerne töte". Hunderte von Löwen, Elefanten und Antilopen mussten sterben, weil ein Herr Hemingway eben „gerne tötete". Heute müssen Tausende von Gänsen in unvorstellbarer Weise leiden, weil wir so „gerne" Stopfleberpastete essen oder Daunendecken behaglich finden.

Das alles sind gewiss keine von Gott geschickten „Prüfungen" oder Anfechtungen im Glauben, sondern blanke gottwidrige Verhältnisse und Verhaltensweisen, die seiner guten Schöpfung Hohn sprechen und so den Schöpfer selbst beleidigen. Sie sind Teil jener „Mächte und Gewalten", die in der Bibel immer wieder Erwähnung finden. Verführerische, Vorteil verheißende Mächte, die uns von Gott entfremden wollen und um deren Überwindung wir in der Tat nur Gott selbst mit den Worten bitten können: „Führe uns *nicht* in Versuchung!" Führe uns nicht in die Entzweiung! Führe uns nicht in die Gottlosigkeit!

Doch damit sind wir bereits mitten im nächsten Kapitel.

XI. „Erlöse uns von dem Bösen"

Vorderhand ein Apfelbäumchen pflanzen

1. „Wenn es nur so einfach wäre"

Sie lächelt mich freundlich an, die junge Dame auf dem Foto. Hübsch, vital, strahlend und unbedingt sympathisch. Sie könnte von einer Werbung für Mundpflege stammen. Ich sitze gerade beim Zahnarzt und blättere in einem bekannten Nachrichtenmagazin. Bevor ich umschlage, fällt mein Blick auf den unteren Teil des Bildes. Bei näherem Zusehen erkenne ich den übel zugerichteten Leichnam eines älteren Mannes. Jetzt erst lese ich die Bildunterschrift: „Die Militärpolizistin Sabrina D. Harman, 26, grinsend über der Leiche eines zu Tode geprügelten Irakers." Zu dem Schock über die fast täglich eingehenden Berichte von Gräueltaten während des grausamen Krieges im Nahen Osten gesellt sich hier, mitten im warmen Wartezimmer, ein weiteres, mindestens ebenso heftiges Entsetzen. Wie kann es sein, dass das Freundliche und das Böse so nah beieinander, ja, in ein und derselben Person vereint sind?

Angesichts solcher Bilder sehnt man sich fast zurück in die Zeiten der guten alten Wildwestfilme, in denen John Wayne dafür sorgte, dass das Gute und das Böse klar und erkennbar voneinander getrennt waren und man von vornherein wusste, auf welche

Seite man sich zu schlagen hatte. Und als der ehemalige amerikanische Präsident George W. Bush bestimmte Staaten schlankweg zur „Achse des Bösen" erklärte, war für viele Menschen die Welt genau nach Art eines Wildwestfilms geordnet, eben: hier die Guten, dort die Bösen. Aber: „Wenn es nur so einfach wäre", schreibt Alexander Solschenizyn, „dass irgendwo Menschen mit böser Absicht schwarze Werke vollbringen und es nur darauf ankäme, sie unter den übrigen zu erkennen und zu vernichten. Aber der Strich, der das Gute vom Bösen trennt, durchkreuzt das Herz eines jeden Menschen."

Ja, wenn es nur so einfach wäre. Aber so ist es nicht. Wir wissen heute, dass etliche der übelsten KZ-Schergen bei sich daheim die liebenswürdigsten Familienväter waren, die mit ihren Kindern fromme Weihnachtslieder sangen. Das Böse liegt eben oft nicht einfach zu Tage, sondern gibt sich die Maske des Biedermanns, begegnet im Kostüm des braven Bürgers. Karel Stojka, ein ehemaliger Häftling in Auschwitz, sagte: „Nicht Hitler, Göring, Goebbels, Himmler und alle wie die hießen, haben mich verschleppt und geschlagen. Nein, es war der Schuster, der Nachbar, der Milchmann, der Postmann …" Die Philosophin Hannah Arendt prägte in dem Zusammenhang das berühmt gewordene Wort von der „Banalität des Bösen". Und wir wissen mittlerweile auch, dass wir es etwa bei den allermeisten Fällen von sexuellem Kindesmissbrauch gerade nicht mit irgendeinem finsteren Unhold zu tun haben, sondern mit einem treusorgenden Vater, mit einem netten Trainer oder mit einem freundlichen Nachbarn von nebenan. Solschenizyn hat Recht: „Der Strich, der das Gute vom Bösen trennt, durchkreuzt das Herz eines jeden Menschen."

Von daher scheint es fast müßig, sich mit der alten Frage, ob mit der Bitte: „Erlöse uns von dem Bösen" *der* oder *das* Böse gemeint sei, lange herumzuschlagen, zumal der griechische Urtext beide Übersetzungen zulässt. *Das* Böse ist zunächst einmal ein *Sachverhalt*, der uns auf vielfältige Weise begegnet, nämlich überall dort, wo destruktive, zerstörerische, verletzende, demütigende und beleidigende Kräfte am Werk sind. Um es mit Goethes Faust zu sagen: „Der Geist, der stets verneint!" Doch dieser Sachverhalt begegnet uns in der Regel konkret in dem Verhalten von *Menschen*. Von daher ist es nachvollziehbar, wenn in Mythen und Märchen, in Kunst und Literatur und eben auch in den Religionen das Böse häufig als *Person* dargestellt wird: als Teufel, als Satan, als „diábolos", als Dämon oder Mephisto. Wer solche Personifizierungen des Bösen als voraufklärerisch belächelt, sollte einmal ein Gewaltopfer fragen, in welcher Form ihm „das" Böse begegnet ist.

Ob als Sachverhalt oder Person – wenn das Vaterunser um Erlösung von „dem Bösen" bittet, dann rechnet es offenbar – so oder so – mit einer *Realität*. Aber was hat Gott damit zu tun?

2. Keine Spekulationen

Was versteht die Bibel überhaupt unter dem Bösen? Wir erkennen es wohl am ehesten, wenn wir von seinem Gegenteil ausgehen, dem *Guten*. Am Ende der Schöpfungsgeschichte heißt es z. B.: „Und Gott sah an alles, was er gemacht hatte, und siehe, es war sehr gut" (1. Mose 1,31). Und Gottes Schöpfung ist offenbar deshalb gut, weil Gott selber nichts anderes als gut ist. „Niemand ist gut als Gott allein", sagt Jesus (Markus 10,18). Deshalb kann man grundsätzlich erst einmal sagen, dass das Böse genau all das ist, was diesem Gott entgegensteht. Alles, was seinem Wort widerspricht und seinem Willen widerstreitet. Am Anfang allen Nachdenkens über „gut" und „böse" steht diese fundamentale Unterscheidung. Deshalb warnt der Prophet Jesaja: „Wehe denen, die Böses gut und Gutes böse nennen!" (Jesaja 5,20)

In diesem Sinne erfährt nun neben dem, was „gut" zu nennen ist, auch das Böse in der Bibel – leider, muss man sagen – vielfältige Erwähnung. Der Umgang der Söhne Jakobs etwa mit ihrem Bruder Josef, den sie in die Sklaverei verkaufen, wird „böse" genannt (1. Mose 50,20). Die Söhne des Priesters Eli werden deshalb als „böse" bezeichnet, weil sie, wie es heißt, „nichts nach dem Herrn fragten" (1. Samuel 2,12). Mehr als einmal sehen sich die Psalmbeter von „der Bösen Rotte umringt" (Psalm 22, 17). Das sind meist Spötter, Verächter, Lügner, Betrüger, Räuber, Unterdrücker, Verfolger, Gewalttätige oder gar Mörder – in ihrer Bosheit allesamt darin eins, dass sie „dein Gesetz verlassen" (Psalm 119,53). Eins also genau darin, dass sie sich eben vom Guten, also von Gott selbst entfernt haben. Die „Gottlosen", die – wörtlich – von Gott „los" sind. Deshalb kann Jesus seine Zeitgenossen gelegentlich als „böse und abtrünnig", also als von Gott abgefallen, beschimpfen (Matthäus 12,29), währen der Apostel Paulus sogar seine ganze Gegenwart als eine „böse Zeit" (Epheser 5,16), die von Gott nichts wissen will, charakterisieren kann.

Mit der Feststellung, dass das Böse zur Realität unserer Welt gehört, ist aber noch nicht erklärt, wo es eigentlich seinen *Ursprung* hat. „Woher kommt das Böse und warum ist es?" (Unde malum et qua re?) Diese Frage beschäftigt seit alters die Menschheit – bis heute. Und die Antworten fallen, je nach theologischem oder philosophischem Standpunkt, ganz verschieden aus. Die einen sehen den Ursprung des Bösen in Gott, da dieser ja schließlich „Himmel und Erde", also alles erschaffen habe. Andere halten dagegen, dass das schon deshalb nicht sein könne, da genau das Ganze dieser ursprünglichen Schöpfung im Schöpfungsbericht selbst dezidiert als

„sehr gut" bezeichnet werde und man sich schwer vorstellen könne, dass sozusagen „zwei Seelen, ach" in Gottes Brust wohnen – eine gute und eine böse. Wieder andere verweisen die Herkunft des Bösen rundweg in das Verhalten des Menschen, der sich – so etwa die Geschichte vom Sündenfall (1. Mose 3) – in überheblicher Manier von Gott losgesagt habe. Philosophischerseits wird das Böse entweder mit einem schlichten „Mangel an Gutem" – so etwa Plato und Leibniz – oder mit einem Missbrauch der freiheitlichen Vernunft – so etwa Kant – erklärt. Schließlich wollen manche – so etwa die Philosophie der altgriechischen Stoa – dem Bösen, weil nun einmal Teil dieser Welt, noch irgendeinen guten Sinn abgewinnen. „Wer weiß, wofür et jut is", kann noch heute der Kölner sagen. Demgegenüber greift in den modernen Humanwissenschaften seit dem 19. Jahrhundert mehr und mehr die Ansicht um sich, den Ursprung des Bösen eher in den Verhältnissen, die destruktive Macht auf den Menschen ausüben, zu suchen: das sogenannte „strukturelle Böse".

Auffallend ist, dass die Bibel sich wenig bis gar nicht an solchen theologischen und philosophischen Spekulationen beteiligt. Für sie ist das Böse ein Faktum, und zwar ein gottwidriges. Ob der Sündenfall und die daraus folgende Vertreibung aus dem Paradies hinreichen, um dem Ursprung des Bösen auf die Spur zu kommen, lässt sie dahingestellt. Für sie hat es der Mensch „jenseits von Eden" *faktisch* auf vielfältige Weise mit dem Bösen zu tun. Dessen Ursprung bleibt – auch für die biblischen Zeugen – letztlich im Dunkeln, bleibt ein *Geheimnis*. Das heißt allerdings nicht, dass das Problem des Bösen damit ad acta gelegt oder gar der Mensch aus seiner Verantwortung, wie er sich zu dem Bösen zu verhalten habe, entlassen sei. Die Schrift lässt keinen Zweifel daran, dass das Böse grundsätzlich ganz und gar nicht hinnehmbar, sondern zu „überwinden" ist (Römer 12,21). „Bekehrt euch von euren bösen Werken", heißt es nicht nur beim Propheten Jeremia (25,5). Bleibt die Herkunft des

Bösen auch verborgen, zur Normalität wird sie deshalb noch lange nicht erklärt.

Und so spricht auch das Vaterunser nicht der Resignation vor der Tatsache des Bösen das Wort, wenn es ganz im Gegenteil heißt: *„Erlöse* uns von dem Bösen!" Allein mit diesem Wort greift das Gebet einen Vorgang auf, der bereits im Alten Testament eine überragende Rolle spielt: Erlösung, Rettung, Befreiung. Allen voran die Befreiung des Volkes Israel aus der ägyptischen Sklaverei. „Darum sage den Israeliten", spricht Gott zu Mose, „ich bin der Herr und will euch wegführen von den Lasten, die euch die Ägypter auflegen, und will euch erretten von eurem Frondienst und will euch erlösen" (2. Mose 6,6). Dieses befreiende Urerlebnis Israels wird dann zur theologischen Grundorientierung, an der fortan alle befreienden Erfahrungen – ob kollektiv oder individuell – reflektiert werden. *Kollektiv* vor allem in der Erfahrung der späteren babylonischen Gefangenschaft (587 – 538 v. Chr.) und der befreienden Verheißung an das niedergeschlagene Volk: „Mit ewiger Gnade will ich mich deiner erbarmen, spricht der Herr, dein Erlöser" (Jesaja 54,8). Aber auch *individuell* in den verschiedensten persönlichen Befreiungserfahrungen etwa aus Hunger, Durst, Gefängnis, Krankheit oder Seenot. Für alle gilt, dass sie „der Herr aus der Not erlöst hat" (Psalm 107,2).

Im Neuen Testament konzentriert sich das Motiv der Erlösung dann ganz auf Jesus Christus. So freut sich der Priester Zacharias bereits kurz vor der Geburt Jesu: „Gelobt sei der Herr, der Gott Israels! Denn er hat besucht und erlöst sein Volk" (Lukas 1,68). Dabei hatte sich zur damaligen Zeit, in der die römische Fremdherrschaft im Lande das Sagen hatte, der eine oder andere die „Erlösung des Volkes" sicher ein wenig anders vorgestellt. „Wir hofften, er sei es, der Israel erlösen werde", schütteln zwei der Jünger im Nachhinein enttäuscht den Kopf. Sie begreifen noch nicht, dass das gesamte Leben, das gesamte Wirken, Sterben und Auferstehen Jesu – vielleicht anders, als sie es erhofft hatten – dennoch „erlösend" war. „Jesus ist kommen, der starke Erlöser", heißt es in einem alten Kirchenlied. Ja, man kann Jesu Kommen im Ganzen durchaus als Erlösung betrachten, indem er ja nichts anderes tut, als Menschen etwa von Krankheit, von Besessenheit, von Hunger, von Ausgegrenztwerden, von Ängsten, von Dummheit und Arroganz, von Sünde und Tod eben zu – erlösen.

Und dieser eine Erlöser hält uns nun im Vaterunser an, Gott gewissermaßen „noch einmal" um Erlösung zu bitten: „Erlöse uns von dem Bösen!" Das ist kein Widerspruch zu dem bereits geschehenen erlösenden Wirken Jesu, sondern dessen „logische" Konsequenz. Es ist wie mit dem Reich Gottes, um dessen Kommen im Vaterunser ja auch gebetet wird. Was bisher im Kleinen, eben in diesem Einen, bereits seinen unrevidierbaren Anfang nahm, das soll weitergehen und einmal zur *Vollendung* kommen. Was begrenzt begann, das soll einmal umfassend werden. Um es mit einem biblischen Gleichnis zu sagen: „Das Himmelreich gleicht einem Sauerteig, den eine Frau nahm und unter einen halben Zentner Mehl mengte, bis er ganz durchsäuert war" (Matthäus 13,33). So wie das endgültige Reich Gottes in seiner „ganzen Durchsäuerung" noch aussteht, so auch die endgültige, alles und jeden umfassende Erlösung vom Bösen. Noch geschieht alles, auch der beherzte Kampf gegen das Böse in der Welt, auf Hoffnung hin. Doch mit Jesu Kommen ist ein Anfang gesetzt, ist von Gott eine Art „Anzahlung" gemacht, wie Paulus es einmal nennt (2. Korinther 1,22). Ist ein verlässliches Versprechen darauf abgegeben, dass einmal „der Tod nicht mehr sein wird, noch Leid, noch Geschrei noch Schmerz" (Offenbarung 21,4). Die einstmals von Gott als „sehr gut" befundene Schöpfung soll dereinst wieder zu ihrer Bestimmung zurückfinden.

3. Ein einziger Aufschrei

„Alles gut. Alles gut", wischt unser Gesprächsleiter den gerade auf-
keimenden Konflikt eilfertig vom Tisch. Wir sitzen in einer Dienst-
besprechung und wollen endlich einmal ein seit langem schwelendes
Problem zur Sprache bringen. Längst schlängelt sich eine Demarkati-
onslinie zwischen Sympathien und Antipathien mitten durchs Kolle-
gium. Unterschwellige Aggressionen belasten das Arbeitsklima. Der
eine oder andere fühlt sich von bestimmten Vorgängen ausgegrenzt.
Unter vorgehaltener Hand hat das Wort vom „Mobbing" bereits
mehr als einmal seine Kantinenrunde gedreht. Heute, darum hat einer der Betroffenen gebeten, soll endlich einmal Klarheit geschaffen
werden. Das scheint aber nicht jedem zu gefallen. „Alles gut. Alles
gut." Damit ist aller Unmut erst einmal erstickt. So scheint es.

„Alles gut. Alles gut." Was ist das für eine merkwürdige, beschwich-
tigende Mehlsoße, die da seit einiger Zeit über alles, was auch nur
irgend nach Unmut, nach Problem, nach Konflikt, nach Schmerz
und – ja, auch – nach irgendetwas „Bösem" klingen könnte, aus-
gegossen wird? Da hat sich ein Kind beim Rollerfahren wehgetan.
Noch ehe es überhaupt seinen ersten Schmerz herausbrüllen kann,
ist von der Mutter bereits „alles gut" geredet. Da hat man den lange
vereinbarten Doppelkopftermin verschwitzt. Verständlicher Ärger
leider verboten. Denn: „Alles gut." Da ist eine Schülerin sehr wü-
tend über eine aus ihrer Sicht ungerechte Benotung. „Alles gut",
hält der Mathematiklehrer den Zorn unterm Teppich. Man hat fast
den Eindruck, als dürfe seit geraumer Zeit niemand mehr seinem
Schmerz, seinem Ärger oder seiner Wut Luft machen. „Positiv denken" heißt diese neue Diktatur, die gnadenlos alle Empörung unter
Verbot zu stellen scheint, auch wenn einem mitunter zum Heulen
zumute ist. Sich über das Ärgerliche, das Ungerechte, gar das Böse
aufregen? Um Gottes willen! „Alles gut."

Wenn wir die Bitte „Erlöse uns von dem Bösen!" richtig verstanden haben, dann ist jedenfalls mit dem Vaterunser solch eine Realitätsbeschwichtigung nicht zu machen. Hier wird Schuld „Schuld", Versuchung „Versuchung" und das Böse eben „böse" genannt. Und es könnte sein, dass bereits das ein wichtiger Dienst ist, den dieses Gebet uns tut. Wer im Namen Jesu die dunklen Seiten des Lebens, auch und gerade seine eigenen, nicht tabuisiert, sondern beim Namen nennt, der hat bereits ein Fenster aufgemacht. Wer in der Seelsorge oder Beratung tätig ist, weiß, welch eine befreiende Wirkung bereits dieser erste Schritt haben kann. Menschen, die das, was sie umschattet, endlich einmal aussprechen können, spüren im Moment des Aussprechens schon ein erstes Aufatmen, eine erste kleine Befreiung aus dem Bunker des Verschweigens und Verharmlosens. „Alles gut?" Was für eine Verhöhnung der Opfer.

Nein, wer „Erlöse uns von dem Bösen!" betet, der rechnet mit dem Bösen als einer Realität. Er berauscht sich nicht an einem Menschenbild, das uns diesen als „letztendlich im Kern doch gut" verkauft. Er weiß um die Abgründe – auch seiner selbst. Er ist deshalb auch davor gefeit, das Böse vor allem *woanders* zu suchen. Er weiß, welch eine verheerende Rolle in der Geschichte der Menschheit die Schaffung von „Sündenböcken" gespielt hat. Psychologen sprechen hier von „Abspaltung". Dunkle Seiten werden aus der eigenen Person ausgeklammert – um dann allerdings auf unbewusste und meist noch verheerendere Art und Weise ihr Unwesen zu treiben. Wer um „Erlösung von dem Bösen" bittet, weiß realistischerweise allerdings auch darum, dass es in der Tat auch Lebensumstände gibt, die das „Böse" zumindest begünstigen können: erlittene Gewalt, frühkindliche Verluste, erfahrene Demütigungen und Ausgrenzungen, schlechte Wohnverhältnisse, mangelnde Bildung, ideologische Verblendungen, ungerechte Arbeitsverhältnisse, Armut, Hunger und

Ausbeutung. Zum realistischen Blick auf das Böse gehört auch die unverstellte Sicht auf die *Strukturen*, in denen wir leben.

Doch nun fällt auf: Bei allem Realitätssinn ergehen sich die Bitten des Vaterunsers nicht im Negativen. So wie es manche Horrorfilme gibt, die sich in Unrecht, Blut und Gewalt suhlen und sich am Bösen geradezu weiden. Das gerade tut das Vaterunser nicht. Es leistet einem „negativen Menschenbild", das dem christlichen Glauben häufig unterstellt wird, in keiner Weise Vorschub. Wohl nennt es Schuld, Versuchung und das Böse unmissverständlich beim Namen. Aber es macht daraus keinen Horrorfilm. Wohl durchbricht es die elende Mauer des Verschweigens unserer dunklen Lebensseiten, aber es breitet diese nicht voyeuristisch genussvoll aus. Im Gegenteil. Dieses Gebet will vehement *weg* von alledem: „*Vergib* uns unsere Schuld!" „Führe uns *nicht* in Versuchung!" „*Erlöse* uns von dem Bösen!"

Ja, diese Bitten sind ein einziger Schrei danach, dass es um Gottes Willen *anders* unter uns werden möge. Sind ein einziger Schrei nach Verhältnissen, in denen wir eben einander *nichts* schuldig bleiben. Ein einziger Aufschrei *gegen* alles, was uns von Gott abwenden will. Ein einziger betender Widerstand *gegen* das Böse in uns und um uns: Nein, heiliger Gott, wir wollen auf Dauer *nicht* diese blutgetränkte Erde, *nicht* das Unrecht, *nicht* den Hunger, *nicht* Folter, Missbrauch und Unterdrückung. Wir wollen etwas *anderes*, nämlich genau das, was du von allem Anfang an gewollt hast und uns in Jesus Christus neu und voll guter Verheißung vor Augen geführt hast: einen „neuen Himmel und eine neue Erde, in denen Gerechtigkeit wohnt" (2. Petrus 3,13).

Mit alledem ist das Geheimnis des Bösen nicht gelöst. Die Frage, „woher das Böse kommt und warum es ist", bleibt ein Stachel im

Fleisch. Auch im Fleisch des Glaubens. So wie bei Hiob. Auch er löst das Geheimnis des – ihm widerfahrenden – Bösen nicht. Aber er nimmt es nicht einfach hin, sondern findet – ringend mit Gott – einen Weg, *mit* diesem Geheimnis zu leben. Der tiefste Grund für das Böse bleibt uns verborgen. Doch die Konsequenz aus dieser Einsicht kann nicht eine neue Tabuisierung des Bösen sein. Etwa mit dem gedankenlosen Gerede, das „alles gut" sei. Nein, es ist nicht alles gut. Weder in Afghanistan noch anderswo.

Und noch weniger kann die Konsequenz ein resignatives Hinnehmen des Bösen sein. Nach dem Motto: „Da kann man nichts dran machen." So spricht der Unglaube. Der Glaube indes bittet, ja schreit geradezu: „Erlöse uns von dem Bösen!" Damit sagt er ja auch, dass er das Böse grundsätzlich nicht will. Dass er sich nach etwas anderem sehnt. Dass dieses Andere in seiner Endgültigkeit und Vollkommenheit nicht mehr in seiner Macht liegt, ist für ihn allerdings kein Grund, nicht vorderhand noch das eine oder andere im Kampf gegen das Böse und Destruktive wacker in Angriff zu nehmen.

Und wenn es nur das Pflanzen eines Apfelbäumchens wäre.

„Denn dein ist das Reich und die Kraft und die Herrlichkeit in Ewigkeit"

Zwecklos, aber nicht sinnlos

1. „Man merkt die Absicht, und man ist verstimmt"

Soeben ist die Ampel auf Rot gesprungen. Gerade noch rechtzeitig komme ich hinter dem vor mir haltenden Opel Corsa knapp zu stehen. Immerhin gibt mir das die Möglichkeit, den kleinen gelben Aufkleber auf dem Kofferraum meines Vorderwagens in Ruhe zu entziffern: „Haben Sie Ihr Kind heute schon gelobt?" Jäh fährt mir der Schreck in die Glieder. Habe ich? Habe ich nicht? Ich weiß es so schnell gar nicht. In der Hektik der verschiedenen morgendlichen Aufbrüche im Haus kann einem das eine oder andere schon mal da durchgehen. Um Himmels willen! Liebes Kind, was auch immer der Tag an Glück oder Unglück bringen mag, heute Abend ist dir von meiner Seite ein tosender Beifall gewiss. Egal wofür. Großes Indianerehrenwort! Inzwischen ist die Ampel auf Grün. Hinter mir hupt es bereits ungeduldig.

Man mag von den vielen verkehrsbehindernden Autoaufklebern halten, was man will, in diesem Fall ist die Wichtigkeit der Botschaft nicht zu bestreiten. Wer wüsste nicht von der wohltuenden

Wirkung eines Lobes? Wer ließe sich nicht gerne ein Wort der Anerkennung oder gar Bewunderung gefallen? Ob für eine gute Englischarbeit, ein anständiges Verhalten oder auch nur ein ansprechendes äußeres Erscheinungsbild. Und die Früchte des Lobens – etwa in der Kindererziehung – sind ja zum Greifen nahe. „Wenn das Kind die Erfahrung machen kann, dass seine Äußerungen mit Zuneigung wahrgenommen und angenommen werden", so heißt es z. B. in einem klugen Papier der Bertelsmann Stiftung, „dann wird es in seiner Explorationsfreude und Lebenslust ermutigt." Lob zu erzieherischen Zwecken, das leuchtet ein.

Doch mittlerweile wird weit über den Horizont liebevoller Elternhäuser oder pädagogisch kompetenter Kindergärten hinaus das Hohelied des Lobens gesungen. Überall wird mit einem Mal eine „Kultur der Wertschätzung" beschworen. Gemeint ist ein Miteinander, das von gegenseitigem Respekt, von Fairness, Ermutigung und positiver Motivation bestimmt ist. Längst hat sich der „Gewinn" solch eines gegenseitigen Umgangs sogar bis in die Führungsetagen der Wirtschaft herumgesprochen: „Wertschöpfung durch Wertschätzung" lautet die Zauberformel. Einer, der es wissen muss, nämlich der Leiter eines universitären „Center for Leadership and People Management", sagt: „Der Mitarbeiter, der sich nicht wertgeschätzt fühlt bei seiner Arbeit, der aktiviert sein Potenzial nicht." Lob nun also zu wirtschaftlichen Zwecken, auch das leuchtet ein.

Es wäre doch einmal eigenen Nachdenkens wert, zu welchen möglichen Zwecken wir sonst noch das Loben einsetzen. Vielleicht, dass man einfach einmal wieder selbst gelobt werden möchte? Vielleicht, dass man einer drohenden Auseinandersetzung im Vorhinein ein wenig die Schärfe zu nehmen versucht? Vielleicht, dass wir dazu neigen, immer sehr schnell alles „ganz toll" oder gar „super" zu finden? So wie jene übereifrige Mutter, die ihren Sohn wegen jeder noch so selbstverständlichen Handreichung über allen Klee meint preisen zu müssen: „Danke, Marvin, für das Anreichen des Salzstreuers. Ganz toll." Irgendwie hat man bei so vielen dieser Lobeshymnen zwischen Küchentisch und Büro das ungute Gefühl, dass es jeweils noch um etwas anderes geht als nur um eine reine persönliche Wertschätzung. „Man merkt die Absicht, und man ist verstimmt", ist man fast mit Goethes „Tasso" geneigt zu sagen.

Auch das Vaterunser endet mit einem Lob, genauer: mit einem sogenannten „Lobpreis" („Doxologie"). Hier geht es nun aber nicht um das Lob eines ermutigungsbedürftigen Kindes oder eines zu motivierenden Mitarbeiters, sondern um das Lob *Gottes*: „Dein ist das Reich und die Kraft und die Herrlichkeit in Ewigkeit". Doch im Ernst: Zu welchen Zwecken sollte Gott zu loben sein?

2. Ein verstohlener Blick

Man braucht nicht lange zu blättern. um festzustellen, welch großen Raum das Lob Gottes in der Bibel einnimmt. Am auffälligsten wohl in den Psalmen des Alten Testaments. Gewiss kommen dort auch Klage und Bitte zu Wort, und das wahrlich nicht zu knapp. Aber im Ganzen sind diese alten Gebete und Lieder Israels doch vor allem durchdrungen, ja geradezu überstrahlt vom Lobpreis Gottes: „Lobe den Herrn meine Seele, und was in mir ist, seinen heiligen Namen! Lobe den Herrn, meine Seele, und vergiss nicht, was er dir Gutes getan hat!" (Psalm 103,1f)

„Was er dir Gutes getan hat." Damit wird sogleich eine programmatische Weichenstellung vollzogen. Es geht dem biblischen Beter generell nicht darum, mit seinem Gotteslob irgendetwas zu „erreichen". Mit diesem Lob wird kein „Zweck" verfolgt. Was sollte ein solcher Zweck im Hinblick auf Gott auch sein? Sich etwa bei ihm ein wenig einschmeicheln? Sozusagen für ein „besseres Betriebsklima" sorgen? Gar „pädagogisierend" auf Gott einwirken, um ihn „in seiner Explorationsfreude und Lebenslust zu ermutigen"? Absurde Vorstellungen. Schaudernd erinnern wir uns etwa daran, mit welch harschen Worten die Reformatoren einen solchen Missbrauch der Frömmigkeit geißeln. Mit Gott ist grundsätzlich kein Geschäft zu machen, weder mit Ablasszahlungen noch mit guten Werken, weder mit einem frommen Augenaufschlag noch mit einer leicht zu durchschauenden Lobeshymne. Die biblischen Beter loben Gott grundsätzlich ohne irgendeine Absicht, ohne irgendwelche weiteren Interessen, ohne sich davon auch nur irgendeinen Nutzen oder Gewinn zu versprechen. Das Loben Gottes – das unterscheidet es von weiten Teilen unseres gegenseitigen Lobens – geschieht in der Bibel, wenn man so will, völlig *zwecklos*.

Zwecklos, aber deswegen noch lange *nicht grundlos*. Es fällt nämlich auch auf, dass sich das Gotteslob immer auf etwas bezieht, was diesem Lob *vorausgeht*. Es ist schlicht das Handeln Gottes. Wenn in der Bibel Gott gelobt wird, dann immer als *Reaktion* auf das, „was er dir Gutes getan hat". Das setzt voraus, dass man sich an dieses empfangene Gute überhaupt *erinnert*, eben „nicht vergisst". Mehr als einmal lesen wir so oder ähnlich: „Darum gedenke ich an die Taten des Herrn, ja, ich gedenke an deine früheren Wunder und sinne über alle deine Werke und denke deinen Taten nach" (Psalm 77,12f). Die im Volk Israel bis heute so ausgeprägte Erinnerungskultur an die Werke Gottes liefert gewissermaßen die „Gründe" für das vielfältige Gotteslob.

Und da kommt für den biblischen Beter nun in der Tat einiges zusammen. Da ist zunächst der Reichtum von Gottes *Schöpfung*: Himmel und Erde, Sonne und Mond, Wolken und Winde, Feuer und Wasser, Berge und Täler, Gras und Getreide, Tier und Mensch. Selbst die „Zedern des Libanon" und der „Klippdachs" werden nicht vergessen. Alles Grund genug, Gott für das, was er Gutes getan hat, zu loben. Denn: „Du hast sie alle weise geordnet, und die Erde ist voll deiner Güter" (Psalm 104,24).

Da ist alsdann Gottes stete *Fürsorge* für sein Volk, vor allem seine penetrante Parteinahme für die Armen und Entrechteten: „Ich will den Herrn loben ... der Recht schafft, denen, die Gewalt leiden, der die Hungrigen speist, der die Gefangenen frei und die Blinden sehend macht, der die Niedergeschlagenen aufrichtet" (Psalm 146,1.7f), „die zerbrochenen Herzens sind, heilt" (Psalm 147,3), „den Geringen aus dem Staube erhebt und den Armen aus dem Dreck erhöht" (Psalm 113,7).

Da ist nicht zuletzt Gottes wegweisendes und lebenserhaltendes *Gebot*, das immer wieder Anlass zum Lob gibt: „Gelobet seist du, Herr! Lehre mich deine Gebote! ... Ich habe Freude an deinen Satzungen und vergesse deine Worte nicht" (Psalm 119,12.16). Denn „sie sind köstlicher als Gold und viel feines Gold, sie sind süßer als Honig und Honigseim" Psalm 19,11). Im Gegensatz zu manch einem sauertöpfischen Christenmenschen hat der alttestamentliche Beter einfach „*Lust* am Gesetz des Herrn" (Psalm 1,2).

Auf die Fluchtlinie dieser „großen Taten Gottes" (Apostelgeschichte 2,11) begibt sich dann nicht zuletzt auch das Neue Testament, wenn es sein Gotteslob zentral mit dem *Christusgeschehen* begründet. So wie bereits bei Jesu Geburt „die Menge der himmlischen Heerscharen" Gott loben (Lukas 2,13), so soll es weitergehen, wenn der Apostel etwa die Gemeinde ermahnt: „Lasst das Wort Christi reichlich unter euch wohnen ... mit Psalmen, Lobgesängen und geistlichen Liedern" (Kolosser 3,16). Ja, die Bibel ist – neben oder

vielleicht sogar *vor* allem anderen – auch ein prall gefülltes Lobe-
buch. Und als solches ein Buch ohne jeden Zweck. Dennoch nicht
grund- und deshalb schon gar nicht sinnlos.

Angesichts dieser prallen Fülle von begründetem Lob verwundert es
dann auch nicht, dass die biblischen Texte, wenn es um das konkrete *Wie* und *Womit* des Gotteslobes geht, wenig Hemmung kennen.
„Lobt ihn mit Hörnerschall", heißt es etwa in Psalm 150, „lobt ihn
mit Harfe und Leier! Lobt ihn mit Trommel und Reigen, lobt ihn
mit Saiten und Pfeife! Lobt ihn mit hellen Zimbeln, lobt ihn mit
schallenden Zimbeln!" Bei Lichte besehen wahrlich kein Sympho-
nie-, sondern eher ein Panikorchester. Horn und Harfe, Trommel
und Pfeife, Zimbel und Reigen … Man hat fast den Eindruck: Hier
kann eigentlich jeder mitmachen. Richtig: *„Alles,* was atmen kann,
lobe den Herrn!" (Psalm 150,6) Das biblische Gotteslob hat etwas
unbedingt Einladendes, Mitreißendes, geradezu „Demokratisches"
an sich.

Deshalb überrascht es dann auch nicht, dass der Aufruf zum Gotteslob meist im *Plural* begegnet: „Lobt Gott!" Oder: „Ermuntert
einander mit Psalmen und Lobgesängen!" (Epheser 6,19). Selbst
das Gotteslob des Einzelnen hat seinen ersten Platz in der *Gemeinschaft*: „Ich will deinen Namen kundtun meinen Brüdern, ich will
dich in der Gemeinde rühmen" (Palm 22,23). Ja, sogar die brei-
tere Öffentlichkeit wird nicht gescheut, wenn der Lobende sich
vornimmt, „den Herrn vor der großen Menge zu rühmen" (Psalm
109,30). Am Ende scheint es so, als würde fast wie in einem Sog
die ganze Schöpfung, inklusive himmlische Heerscharen und irdi-
sche Herrscher, inklusive Sonne und Mond, inklusive „Fische und
alles Vieh", inklusive „Feuer, Hagel, Schnee und Nebel", inklusive
„Berge und alle Hügel, fruchttragende Bäume und alle Zedern",
inklusive „Gewürm und Vögel" in dieses Lob einbezogen (Psalm

148). Welch eine gewaltige Symphonie! Die Hamburger Elbphilharmonie ist nichts dagegen.

Deutlich unter solch einer globalen, ja geradezu kosmischen Perspektive tut es nun das Vaterunser offensichtlich auch nicht, wenn es am Ende in den umfassenden Lobpreis einstimmt: „Dein ist das Reich und die Kraft und die Herrlichkeit in Ewigkeit." Nun ist das Vaterunser im Ganzen ja erst einmal kein Lobpreis, sondern ein vielfältiges Bittgebet. So wie wir das auch von anderen Bittgebeten, etwa der gottesdienstlichen Fürbitte, her kennen. Gleichwohl mündet das Vaterunser – zumindest in der Version des Matthäusevangeliums – in einen Lobpreis ein. Jesus scheint sich hier an die jüdische Gepflogenheit anzulehnen, nach der an das Ende *jedes* Gebets ein Lobspruch gehört. Doch es geht hier um mehr als nur um eine gute Tradition. Gott die Ehre zu geben bewahrt das Gebet davor, nur um sich selbst zu kreisen. Deshalb wohl auch das einleitende „*denn*".

Doch die abschließende Doxologie des Vaterunsers ist nun noch einmal etwas Besonderes, zumal das Wort „loben" wörtlich ja gar nicht darin vorkommt. Vielmehr werden „Reich und Kraft und Herrlichkeit" Gott gewissermaßen ehrfürchtig und ehrend *zugesprochen* („dein ist"). Was es mit seinem *Reich* auf sich hat, hatten wir uns bereits klargemacht, indem es uns in der zweiten Bitte als Himmel und Erde umspannende, ewige und vor allem andere Art der Herrschaft Gottes begegnet ist, versinnbildlicht etwa im Bild des guten Hirten.

Das Wort „*Kraft*" indes ist in diesem Zusammenhang neu. Sein griechisches Ursprungswort (dynamis) erinnert daran, dass Gottes Kraft eher einer machtvollen Bewegung gleichkommt. „Ihr werdet die Kraft (dynamis) des Heiligen Geistes empfangen", verheißt Jesus beim Abschied seinen Jüngern (Apostelgeschichte 1,8). Was diese „dynamische" Kraft, also der bewegende Geist Gottes, tatsächlich bei Menschen bewirken kann, wird dann im Neuen Testament ausführlich beschrieben. Man kann es etwa in der Apostelgeschichte oder in den Briefen des Paulus leicht nachlesen. Jedenfalls ist die Kraft Gottes offensichtlich nichts Statisches, sondern etwas Lebendiges, das inspiriert, verändert, ermutigt und Neues, Gutes und Heilsames auf den Weg bringt.

Schließlich Gottes *„Herrlichkeit"*. Ihr griechisches Ursprungswort (doxa) kennen wir bereits aus dem Wort „Doxologie". „Doxa" kann manches bedeuten. Von „Meinung" bis „Plan", von „Ansehen" bis „Ruhm", von „Glanz" bis hin zu „Herrlichkeit". Hier – am Ende des Vaterunsers – geht es wohl am ehesten um Letzteres. Denn mit „Herrlichkeit" wird noch einmal eine ganz andere, alles Bisherige überschreitende und überstrahlende Seite Gottes benannt. Eine Seite, die uns hier zu sehen allerdings verwehrt ist. Mose z. B. begehrt einmal, Gottes Herrlichkeit zu schauen. Doch Gott versagt ihm diese Bitte mit den Worten: „Kein Mensch wird leben, der mich sieht" (2. Mose 33,20). Gott ist in seiner Herrlichkeit so anders, ja so unerträglich anders und heiliger als wir, dass der Prophet Jesaja bei einer Vision fast zu Tode erschrocken ausruft: „Weh mir, ich vergehe!" (Jesaja 6,5). Die Herrlichkeit und Heiligkeit Gottes in ihrer ganzen Fülle zu Gesicht zu bekommen, ist hier auf Erden nicht möglich. Das steht grundsätzlich noch aus. „Wir sehen jetzt durch einen Spiegel in einem dunklen Bild", sagt Paulus, „dann aber von Angesicht zu Angesicht" (1. Korinther 13,12).

„Dann aber". Mit Worten des Vaterunsers: „in *Ewigkeit*". Damit stößt es am Ende noch einmal eine Tür auf. Wirft es sozusagen einen verstohlenen Blick auf eine verheißene und erhoffte Welt, in der – wer es fassen kann, fasse es – einmal „Gott selbst bei den Menschen wohnen wird. Und sie werden sein Volk sein und er selbst wird ihr Gott sein und wird abwischen alle Tränen von ihren Augen …" (Offenbarung 21,3f). Das ist die Aussicht. Wie arm wären wir ohne sie.

3. Kein besseres Schlusswort

„Denn dein ist das Reich und die Kraft und die Herrlichkeit in Ewigkeit." Wenn es richtig ist, wie wir uns eingangs klarzumachen versucht haben, dass das Vaterunser – bei allem Respekt vor seinem Wortlaut – auch eine Art Anleitung zum Beten überhaupt darstellt, dann dürfen wir wohl auch der abschließenden Doxologie einige wichtige „Anleitungen" entnehmen. Auch dazu ist einmal mehr ein wenig unser Nachdenken gefragt.

Eine erste „Anleitung" entnehmen wir bereits der Tatsache, dass das Vaterunser – unbeschadet dessen, dass es im Ganzen ja ein massives Bittgebet ist – überhaupt in einen Lobpreis einmündet. Bei allem Ernstnehmen unserer vielen Belange und auch Nöte wird die Aufmerksamkeit am Ende noch einmal in eine andere Richtung gelenkt. Das hat grundsätzlich etwas Befreiendes, vielleicht manchmal die eigenen Belange und Nöte auch ein wenig Relativierendes an sich. Die jüdische Praxis, jedes Gebet mit einem Lobpreis zu beenden, könnte hier ein hilfreicher Hinweis sein. Auch ein noch so berechtigtes Klagegebet muss nicht in Schwermut versinken. Auch es ist ja grundsätzlich auf Hoffnung hin gesprochen. Die Formulierung „dein ist das Reich und die Kraft und die Herrlichkeit in Ewigkeit" ist da eine Möglichkeit. In den Psalmen finden wir darüber hinaus viele Varianten. Auch das kann hilfreich sein, vor allem dann, wenn einem im Moment gerade nicht zum Loben zumute ist und die eigenen Worte nur schwer über die Lippen kommen wollen.

Eine weitere „Anleitung" entnehmen wir der Beobachtung, dass das Lob Gottes grundsätzlich keinen „Zweck" verfolgt. Wer Gott lobt, will damit nichts „erreichen". Das steht nun allerdings ein wenig quer zu einer anderen Beobachtung. In den letzten Jahren hat – trotz aller Unkenrufe, die das baldige Ende von Religion beschwören wollen – das Interesse an so etwas wie „Spiritualität" durchaus zugenommen, wenn auch außerhalb von Kirche. In Kreativwerkstätten, Volkshochschulen, Buchhandlungen, ja sogar Reiseunternehmen begegnen uns mit einem Mal „spirituelle Angebote". Und das nicht zu knapp. Sie alle versprechen irgendeinen Gewinn. Sei es „Ruhe" oder „Gelassenheit", sei es ein „zu sich selber" bzw. „zur eigenen Mitte finden" oder auch nur ein „ganzheitliches Wohlbefinden". Solche Segnungen reihen sich nahtlos ein in die vielfältigen Angebote einer modernen Freizeit- und Wellness-Industrie. Ob hier die Verheißungen immer halten, was sie versprechen, lassen wir dahingestellt. Im Vaterunser jedenfalls sucht man vergeblich nach solchen Versprechungen. Sein einziger – wenn man so will – „Zweck" ist ja die Ausrichtung unseres Lebens und unserer Welt auf Gott hin. Was am Ende mit solch einem Gebet „erreicht" wird, zieht der Beter deshalb auch nicht ins – noch so fromme – Kalkül, sondern überlässt es dem, zu dem er betet. Beten ist Vertrauenssache.

Weil das Lob Gottes wohl zwecklos, aber durchaus nicht grundlos erklingt, deshalb – so die nächste „Anleitung" – mag uns die abschließende Doxologie des Vaterunsers dazu einladen, selber immer wieder neu darüber nachzudenken, „was er dir Gutes getan hat". Unter diesem Aspekt kann dann eine ausführliche Selbstbeschäftigung, so problematisch sie anderenorts auch sein mag, endlich einmal auch ihren guten Sinn haben. Die Botschaft der Bibel gibt hier ja einige Motive vor: die Schönheit und Vielfalt der Schöpfung, die Fürsorge Gottes, die heilsame Weisung durch sein Gebot und nicht zuletzt die „Wohltaten Christi", wie es die Reformatoren genannt haben. Jedes einzelne dieser Motive könnte täglich wahrlich genug Grund hergeben, das Gebet in einen Dank und so eben auch in einen Lobpreis einmünden zu lassen.

Die vielfältigen Formen des biblischen Gotteslobs können – eine vorläufig letzte „Anleitung" – auch dazu ermutigen, nun selber gewissermaßen schöpferisch zu werden. Wenn in der Bibel mitunter sogar ein ganzes Panikorchester zum Lob Gottes aufgeboten wird, dann könnte man ja noch auf ganz andere Ideen kommen. In einer Variation zum 150. Psalm von Uwe Seidel heißt es:

> „Lobt Gott mit der Kraft eurer Hände,
> lobt ihn mit der Schärfe eurer Gedanken.
> Lobt Gott mit euren Fragen,
> lobt ihn mit euren Fehlern.
> Lobt Gott mit der Weichheit eurer Lippen,
> lobt ihn mit dem Lächeln des Augenblicks.
> Lobt Gott mit eurer Offenheit,
> lobt ihn mit eurer Gastfreundschaft.
> Lobt Gott mit den Worten fremder Völker,
> lobt ihn mit den Klängen ferner Länder.
> Lobt Gott mit euren Gesprächen,
> lobt ihn mit eurem Schweigen.
> Lobt Gott mit allen Stimmen, mit eurem Atem.
> Lobt Gott mit euren Körpern."

So erweist sich auch die abschließende Doxologie des Vaterunsers als eine Art *Modell*. Eine Hilfe zum rechten, von Jesus selbst vorgegebenen Gotteslob. Wenn wir Gott loben, so müssen wir damit keine „Wertschätzung" Gottes bemühen, um uns davon im Verhältnis zu ihm womöglich irgendeine „Wertschöpfung" zu versprechen. Im Verhältnis zu Gott ist der „Wert" – um für einen Moment im

Jargon des modernen Personalmanagements zu verbleiben – durch Christus ja längst geschaffen. Gottes bedingungslose Liebe zu uns müssen wir nicht noch eigens herbeiloben. Wer „dein ist das Reich und die Kraft und die Herrlichkeit in Ewigkeit" betet, versagt sich jeden Seitenblick. Das Lob Gottes geschieht nur und ausschließlich um *seinet*willen. Johann Sebastian Bach hat über sein gewaltiges künstlerisches Schaffen, das man aus menschlicher Sicht ja gar nicht genug loben kann, nur die drei kleinen Worte gesetzt: „Soli Deo Gloria". Gott allein die Ehre.

Ich wüsste kein besseres Schlusswort.

XIII. „Amen"

Kein hemdsärmeliges „O. K."

1. „Amen! Dein Rhinozeros"

„Man kann doch schließlich nicht immer zum allem Ja und Amen sagen." Deutlich ist aus Katharinas Stimme ein leicht empörter Unterton herauszuhören. Soeben hat der Vorsitzende der Klassenpflegschaft ein paar schulische Dinge bekanntgegeben, die nicht bei allen Eltern auf Gegenliebe stoßen: einige – angeblich „überfällige" – preisliche Anpassungen in der Mensa, den nicht sehr glücklich gewählten Termin für die Klassenfahrt, schließlich die etwas – wie Katharina findet – „überzogenen" Erwartungen der Schulleitung im Hinblick auf ein elterliches Engagement bei der Umgestaltung des Schulhofs. Irgendwann muss auch mal gut sein. „Man kann doch schließlich nicht immer zum allem Ja und Amen sagen." Wer „Ja und Amen" zu etwas sagt, drückt seine Zustimmung, vielleicht sogar seinen Beifall aus. Als Dauerverhalten kann das niemand von einem verlangen. Insoweit ist Katharinas leichte Empörung sicher nachzuvollziehen.

Wenn auch nicht zu *allem*, so sagen wir doch immerhin bei *bestimmten* Dingen ein „Amen". So vor allem im Gottesdienst. Je nach Konfession und jeweiliger Liturgie kann man da auch schon mal auf ein knappes Dutzend „Amens" kommen: am Ende der

Gebete und des Glaubensbekenntnisses, zum Abschluss der verschiedenen Schriftlesungen, als Schlusswort der Predigt und nach dem Segen. Bei den Gebeten erscheint es wie ein kleines Signal, fast wie eine Art Verhaltensanweisung, die für manchen Gottesdienstteilnehmer ja durchaus hilfreich sein kann: „Amen" – du kannst jetzt wieder den Kopf heben, die Augen öffnen und die Hände lösen. Bei den Lesungen wirkt das „Amen" eher wie ein bloßer Schlusspunkt: „Amen" – jetzt ist also der biblische Text zu Ende. Bei dem einen oder anderen von der Kanzel herab gesprochenen „Amen" am Schluss der Predigt meine ich manchmal sogar ein gewisses Aufatmen im Kirchenrund zu verspüren. Aber das mag täuschen.

Außerhalb der Kirche und sicher auch von manch einer persönlichen Frömmigkeitspraxis begegnet das Wörtchen „Amen" so gut wie gar nicht. Hin und wieder taucht es – dann aber meist irgendwie verfremdet – in einem literarischen Zusammenhang auf. Georg Trakl etwa betitelte eins seiner Gedichte, das allerdings wenig fromm, sondern eher bedrückend daherkommt, mit „Amen". Der Dramatiker Georg Kaiser urteilte seinerzeit über seinen Künstlerkollegen Bertolt Brecht, der selber auch als Atheist religiöses Vokabular nicht scheute: „Ein großer Dichter lebt in dieser Nachtzeit – und das ist Bert Brecht. Amen." Ein vor Jahren erschienenes Buch trug den Titel „Lieber Gott, Du bist der Boss, Amen! Dein Rhinozeros." Es handelte sich – bezeichnenderweise – um eine Sammlung „komischer Gedichte".

Wirklich ernsthaft und ohne Ironie kommt „Amen" offensichtlich nur als eine Äußerung des Glaubens vor. Schon durch seinen fremden Klang scheint ihm irgendwie etwas Erhabenes, gar „Heiliges" anzuhaften. Immerhin steht es nun ja auch am Ende des Vaterunsers. Aber was genau hat es dort zu suchen? Warum folgt dem eigentlich nicht zu überbietenden Schlusswort („… denn dein ist die Herrlichkeit in Ewigkeit"), in dem wir Gott allein die Ehre geben, nun noch ein sozusagen *aller*letztes Wort?

Wir werden nicht umhin können, ein vorläufig letztes Mal in der Bibel zu blättern.

2. Ein besonderes Gewicht

Man kommt der Bedeutung des Wörtchens „Amen" am ehesten auf die Spur, wenn man es von seinem hebräischen Ursprung her zu verstehen sucht. Dort geht es zurück auf einen Wortstamm (aman), der im Deutschen am ehesten mit den Wörtern „fest", „wahr", „zuverlässig" oder „treu" wiedergegeben werden kann.

Dabei fällt zunächst auf, dass diese Eigenschaften häufig auftauchen, wenn es um *Gott* geht. Sein Wesen, sein Wort und sein Wirken werden vor allem anderen als „treu", „wahr" und „zuverlässig" beschrieben. Warum? Weil er schlicht ein Gott ist, der Wort hält und auf dessen Zusagen man sich verlassen kann. So erinnert sich etwa das Volk Israel am Ende der langen Wüstenwanderung dankbar daran, wie Gott mit der Befreiung aus der Knechtschaft sein altes Versprechen wahr gemacht hat: „So sollst du nun wissen, dass der Herr, dein Gott, ein *treuer* Gott ist" (5. Mose 7,9). „Dein Wort ist wahr und trüget nicht und hält gewiss, was es verspricht …" Mit dieser Liedstrophe haben wir früher gelegentlich den Abend beendet. Mit solcher Gewissheit im Herzen konnte man den Unsicherheiten und Ängsten des nächsten Tages getrost entgegengehen.

Weil auf sein Wort Verlass ist, deshalb kann dieser Gott auch *selbst* – so merkwürdig das klingen mag – ein „Gott des Amen" genannt werden (Jesaja 65,16), ein Gott der unbedingten Verlässlichkeit. Diese Aussage wird im Neuen Testament verschiedentlich aufgegriffen, indem von *Jesus Christus* gesagt wird, dass er „Amen heißt" (Offenbarung 3,14). Christus ist gewissermaßen das menschgewordene „Amen", die menschgewordene Wahrheit, die menschgewordene Verlässlichkeit Gottes. „Was der alten Väter Schar höchster Wunsch und Sehnen war und was sie geprophezeit, ist erfüllt in Herrlichkeit", heißt es in einem alten Adventslied. Mit dem Kommen Christi in diese Welt wird also einmal mehr ein altes Versprechen wahr gemacht, nämlich dass Gott seiner Schöpfung, komme, was da wolle, die Treue hält. In Jesus Christus wird sozusagen ein „Ja" gesprochen. Ein Ja „auf alle Gottesverheißungen", wie es bei Paulus heißt (2. Korinther 1,20). Nebenbei gesagt: Nicht nur an solchen Aussagen wird deutlich, wie unsinnig es ist, Altes und Neues Testament gewaltsam auseinanderreißen zu wollen.

Interessanterweise fährt der Apostel nun mit einem auch wörtlichen „Amen" fort: „Darum sprechen auch wir durch ihn das Amen, Gott zum Lobe." Jetzt kommen also „auch *wir*" ins Spiel. Gottes „Amen", Gottes Verlässlichkeit und Treue soll nun offenbar auch ein „Amen", eine Verlässlichkeit und Treue auf *unserer* Seite nach sich ziehen. Bereits hier wird deutlich, dass überall dort, wo in der Bibel von Menschen ein „Amen" gesprochen wird, es jeweils um mehr als nur eine blasse Zustimmung oder ein gedankenloses Kopfnicken geht, nach dem Motto: „Ja, ja, red' du man." Wer hier „Amen" sagt, der bekundet damit: Dem mir Gesagten stimme ich nicht nur zu, sondern ich bejahe es aus vollem Herzen. Es soll nun auch für mich verbindlich, gültig, „wahr" und „fest" sein. Insofern könnte man das „Amen" auch als eine Art Selbstverpflichtung verstehen. So wie Gott zu seinem Wort erwiesenermaßen in Treue steht, so haben nun auch wir, wenn wir das „Amen" sprechen, zu dem zu stehen, dem wir mit unserem „Amen" antworten.

Dieses Verständnis des „Amen" wird an einer biblischen Geschichte besonders anschaulich (vgl. 5. Mose 27,14-26). Am Ende des langen Weges in das gelobte Land hält das Volk Israel noch einmal inne. Dabei schärft Mose seinem Volk in eindringlicher Weise ein, was im neuen, vor ihm liegenden Land der Freiheit nicht mehr sein soll: keine fremden Götzen, keine „Verunehrung" der Eltern, keine Grenzverrückungen, kein Unrecht gegen Behinderte, Fremde, Witwen und Waisen, keine Inzucht, kein Mord und Totschlag, keine Korruption! Wie Hammerschläge fährt es auf das Volk hernieder. Und nach jedem einzelnen Verdikt heißt es dann jeweils: „Und alles Volk soll sagen: Amen." Andere Bibelübersetzungen schreiben an dieser Stelle statt „Amen" auch: „So sei es!" oder: „So soll es sein!" Jedenfalls hat ein solches „Amen" offensichtlich ein größeres Gewicht als das oberflächliche Abnicken einer Beschlussvorlage bei einer Klassenpflegschaftssitzung.

„Amen" als Antwort. „Amen" als Einstimmen in das zuvor Gesagte bzw. Gebetete. „Amen" als ein Sich-Identifizieren, ja als ein Sich-selbst-in-die-Pflicht-Nehmen. In dieser Weise begegnet dieses kleine Wörtchen nicht selten in der Bibel. Von dem Priester Esra hören wir z. B., wie er dem Volk Israel die Gebote Gottes vorliest. Der Bericht endet mit den Worten: „Und Esra lobte den Herrn, den großen Gott. Und alles Volk antwortete: ‚Amen! Amen!'" (Nehemia 8,6). Überhaupt scheint es üblich gewesen zu sein, dass die etwa im Gottesdienst vorgesprochenen Gebete jeweils von der Gemeinde mit einem „Amen" erwidert wurden (vgl. 1. Chronik 16,36; Psalm 41,14). Eine Praxis, die bis in das Neue Testament hineinreicht (vgl. 1. Korinther 14,6; 2. Korinther 2,20). „Amen" als ausdrückliche Bestätigung und Bekräftigung des zuvor Gesagten. Manchmal auch des zuvor von einem selbst Gesagten. So erklärt sich z. B., weshalb der Apostel Paulus seine eigenen Briefe gelegentlich mit einem „Amen" beschließen kann (Römer 16,27; Galater 6,18).

In diesem bekräftigenden Sinne finden wir das „Amen" schließlich auch in Jesu Mund. Auffallenderweise aber weniger am Ende eines Gebets – wie eben beim Vaterunser –, sondern vor allem am *Anfang* einer Aussage, in der es um etwas besonders Wichtiges geht: „Amen, ich sage euch." Luther übersetzt hier das im Urtext stehende „Amen" jeweils mit „wahrlich". „Wahrlich, wahrlich, ich sage euch", sagt Jesus etwa in der Passionsgeschichte, „einer unter euch wird mich verraten" (Johannes 13,47). Hier sogar in einer geradezu pathetischen Doppelung: „Amen, Amen". Jesu Worte dulden kein abwägendes Für und Wider, keine Diskussion, keinen Widerspruch. Sein „wahrlich" ist Ausdruck seiner göttlichen Autorität. Wo er „Amen" oder gar „Amen, Amen" sagt, scheint etwas von der Wahrheit, Zuverlässigkeit und Treue *Gottes* auf, die keinen Zweifel erlaubt.

Jedenfalls gibt das biblische „Amen" – wo und bei welcher Gelegenheit es auch im Einzelnen gesprochen wird – der jeweils in Rede stehenden Sache ein besonderes, mitunter auch außergewöhnliches Gewicht. Eben wie es der Bedeutung des hebräischen Ursprungwortes (aman) entspricht: „fest", „wahr", „zuverlässig", „treu". Eigenschaften, die die Bibel zunächst von Gott bezeugt. Genau von dieser Wahrheit und Treue ist das Wörtchen „Amen" da, wo es ernsthaft und von Herzen gesprochen wird, wenigstens ein kleiner Widerschein.

3. Perspektivwechsel

Mit dem abschließenden „Amen" wechselt also noch einmal sozusagen der Gebets„modus" des Vaterunsers. Während die Anrede zu Beginn, die vielen Bitten im Hauptteil und schließlich der Lobpreis am Ende ganz in der Konzentration auf unser Gegen-

über, also auf *Gott* hin gesprochen sind, richtet sich im „Amen"
die Konzentration auf *uns selbst*. In seinem berühmten Vater-
unser-Lied begründet Martin Luther diesen Perspektivwechsel
damit, „daß wir ja nicht zweifeln dran, was wir hiermit gebeten
han ..." Wer „Amen" sagt, der nimmt nicht nur Gottes Verheißungen, sondern eben auch seine eigenen Worte ernst und damit
sich selber in die Pflicht. Mit dem „Amen" am Ende des Vaterunsers sagt der Beter ganz schlicht: Jawohl, ich *will*, dass dein Name
geheiligt werde. Ich *will*, dass dein Reich komme und dein Wille
geschehe. Mich *verlangt* nach dem, was zum Leben nötig ist, nach
Vergebung, nach Nähe, nach Erlösung von dem Bösen. Ich *sehne*
mich nach einer anderen Welt als der, die mich tagtäglich mit Lug
und Trug, Ungerechtigkeit und Gewalt, Zerstörung und Blutvergießen umgibt und bedrängt.

In manchen Gemeinden, etwa in Afrika oder in den USA, ist es
deshalb Brauch, dass die Gottesdienstgemeinde auf einzelne vor-
getragene Gebetsanliegen jeweils mit einem spontanen „Amen"
antwortet. Ein lebendiger, vitaler Ausdruck des Glaubens: Ja, das,
was dort vorne soeben gepredigt, gebetet, gelesen oder bekannt
worden ist, das ist wahr. Das möchte ich hiermit ausdrücklich be-
stätigen und bekräftigen. Das ist auch mein Anliegen und mein
Wille. Gewiss sind anderer Menschen Frömmigkeitsformen nicht
einfach zu imitieren. Aber warum kann man nicht auch einmal
wenigstens ein bisschen von ihnen lernen? Wer z. B. mit Kindern
betet, erlebt, wie sie meist ganz unbefangen auf unser „Amen"
mit ihrem eigenen „Amen" antworten. Warum sollte eine solche
schlichte Form der Einstimmung nicht auch im Gottesdienst –
etwa am Ende einer Predigt – möglich sein? Vorausgesetzt natürlich, dass das dort auf der Kanzel Gesagte überhaupt danach ist,
dass man ihm von Herzen zustimmen kann. Aber das steht auf
einem anderen Blatt.

„Amen" ist also etwas sehr anderes als ein gedankenloses Kopfnicken oder ein zwischen Tür und Angel hemdsärmelig dahingeworfenes „O. K.". Etwas sehr anderes als ein flüchtiges „Like", mit dem wir vielleicht in einem sozialen Netzwerk unser Gefallen für irgendeine Mitteilung bekunden. Das „Amen" am Ende des Vaterunsers ist vielmehr die sehr ernsthafte Einstimmung in das zuvor Gebetete in der Gewissheit, dass all diese Bitten bei Gott gut aufgehoben sind. Nicht ohne Grund rückt deshalb der Heidelberger Katechismus das „Amen" in die Nähe der *Gebetserhörung*. Für ihn heißt nämlich „Amen": „Mein Gebet ist von Gott gewisser erhört, als ich in meinem Herzen fühle, dass ich dies alles von ihm begehre."

Die im „Amen" ausgesprochene Selbstverpflichtung hat also gar nichts Heroisches an sich. Sie ist vielmehr der Ausdruck eines großen Gottvertrauens. Darum ist es, so noch einmal Luther, so „als sagtest du: O Gott Vater, diese Dinge, die ich erbeten habe, von denen zweifle ich nicht, sie seien gewiss wahr und werden geschehen, nicht deshalb, weil ich sie erbeten habe, sondern weil du sie zu erbitten befohlen und gewisslich zugesagt hast." Konzentration auf sich selbst muss also nicht zwangsläufig zu einem egomanischen Um-sich-selber-Kreisen oder zu einer narzisstischen Selbstverliebtheit führen. Wer „Amen" sagt, konzentriert sich wohl einen Moment auf sich selbst. Doch die Perspektive ist am Ende eine andere: gerade von sich weg und so – in vielleicht ganz neuer Weise – auf *Gott*.

Und dann könnte es sein, dass von solch einem „Amen" darüber hinaus auch eine reinigende Kraft für unsere Sprache und unser Miteinander überhaupt ausgeht. Wie viel Zeit wird nicht mit unnützem Gerede und belanglosem Geschwätz vertan, mit Nettigkeiten und Artigkeiten, die wir gar nicht so meinen, mit Small Talk, weil wir vielleicht die ehrliche Auseinandersetzung oder auch nur ein

Schweigen nicht ertragen können. Mit wie viel Unverbindlichkeiten, Oberflächlichkeiten und Schön-Wetter-Unterhaltungen sind nicht unsere Tage vollgepfropft! Der Psalmbeter hat Recht, wenn er beklagt: „Wir bringen unsere Jahre zu wie ein Geschwätz" (Psalm 90,9). Demgegenüber könnte ein ernsthaft zu Gott hin gesprochenes „Amen" gleichzeitig ein wohltuendes, ordnendes Signal auch in unser menschliches Miteinander aussenden. Wer sich mit seinem „Amen" vor Gott in die Pflicht nimmt, auf dessen Wort wird man sich wohl auch sonst verlassen können. Und manchmal vielleicht gerade so, dass er *nicht* zu allem Ja und Amen sagt.

XIV. Zum Schluss mindestens drei gute Gründe, das Vaterunser zu beten

Martin Luther hat das Vaterunser – wir erinnern uns – den „größten Märtyrer auf Erden" genannt. „Denn jedermann plagts und missbrauchts." Und auch wir haben festgestellt, dass das Vaterunser mitunter den Eindruck einer Art „Allzweckwaffe" macht, die bei jeder möglichen oder unmöglichen Gelegenheit zu „passen" scheint. Da wir natürlich niemanden „plagen" wollen, stellt sich die Frage, ob man das Beten des Vaterunsers nicht gleich ganz bleiben lassen sollte. Es ist ein biblischer Text, nun gut. Aber biblische Texte gibt es auch sonst, ohne dass sie gleich von der Kanzel bis zum Krankenbett, vom Traualtar bis zur Aussegnung eines Leichnams ständig zum Einsatz kommen müssen. Gibt es eigentlich überhaupt noch einigermaßen gute Gründe, das Vaterunser zu beten? Ja, die gibt es in der Tat. Wenigstens drei sollen genannt sein.

Erster Grund: Das Beten des Vaterunsers wird uns schlicht *geboten*: „Darum *sollt* ihr so beten" (Matthäus 6,9), sagt Jesus. Mögen wir auch sonst das, was man uns sagt, mit Argumenten und Gegenargumenten abwägen, hier kann es keine Diskussion geben. Es wäre dann etwa so, als wollten wir z. B. das Gebot „Du sollst nicht töten!" zur Disposition stellen. Es gibt eben Dinge im Leben, die sind nicht verhandelbar. Das ist übrigens auch im Weltlichen so, selbst in einer Demokratie. Wenn wir nur etwa an die grundgesetzlich verankerte „Unantastbarkeit der Menschenwürde" denken.

145

Hier kann und darf es kein abwägendes Für und Wider geben. So ist auch für den Glauben Gottes Gebot – unabhängig davon, ob wir ihm immer Folge leisten – über jeden Zweifel erhaben. Mit einem blinden Kadavergehorsam hat das indes wenig zu tun. Wie es überhaupt im Christsein nie um einen „blinden", sondern immer nur um einen „sehenden", also verstehenden Glauben gehen kann. Wenn uns geboten wird, das Vaterunser zu beten, heißt das also noch lange nicht, dass wir dabei unseren Verstand an den Nagel hängen.

Das führt uns sogleich zu einem zweiten guten Grund. Der biblische Zusammenhang, in dem uns das Vaterunser bei Matthäus und Lukas begegnet, legt ja nahe, dieses Gebet vor allem als eine *Anleitung* zum Beten überhaupt zu begreifen. Dass wir solch eine Hilfe nötig haben, ist wohl wahr. Denn wer kennte sie nicht, die Klage des Apostels Paulus: „Wir wissen nicht, was wir beten sollen" (Römer 8,26)? Dieser Gebetsnot hilft das „Modell Vaterunser" dadurch auf, dass es uns mit mancherlei – auch unbequemen – Themen und Sachverhalten konfrontiert, um die wir sonst wahrscheinlich eher einen Bogen machen. Man denke nur etwa an die Schuldfrage oder an das Geheimnis des Bösen. Aber auch das „tägliche Brot" gibt doch genügend Anlass, sich über das, „was du brauchst", immer wieder gründliche Gedanken zu machen. Nicht zu vergessen der Lobpreis am Ende, der uns anhält, ins Gebet auch das zu bringen, „was er dir Gutes getan hat". Und, und, und. Wer wollte da noch sagen, er wisse nicht, was er beten solle?

Nun kann man einwenden, dass solch eine Einladung zum Nachdenken auch eine Überforderung des Betens sein kann. Wie soll ich um Himmels willen – etwa im Gottesdienst – bei jeder einzelnen Formulierung des Vaterunsers innerlich gleich immer eine ganze Themenlawine lostreten? Mit diesem Problem hatte übrigens schon Luther zu kämpfen: „Es kommt wohl oft vor, dass ich bei einem Stück oder einer Bitte in so viele Gedanken komme, dass ich die andern sechs alle anstehen lasse. Und wenn solche reichen, guten Gedanken kommen, so soll man die andern Gebete fahren lassen und solchen Gedanken Raum geben und still zuhören und sie beileibe nicht hindern." Sich beim Beten des Vaterunsers vielleicht einmal auf einen einzigen Satz oder auch nur auf ein einzelnes Wort zu konzentrieren, ist immerhin eine pragmatische Lösung. Es hindert einen auch niemand daran, sich etwa nach einem Gottesdienst die eine oder andere Aussage des Vaterunsers noch einmal in Ruhe vorzunehmen. Auch hat manch eine Gemeinde etwa mit einem Gottesdienstnachgespräch – nicht nur über das Vaterunser – gute Erfahrungen gemacht.

Ein vorläufig letzter guter Grund: Wer das Vaterunser betet, und zwar nun eben genau in dem von Jesus vorgegebenen Wortlaut, der ist – wie man heute sagt – überaus „gut vernetzt". Und dies sowohl in „vertikaler" als auch in „horizontaler" Hinsicht. „*Vertikal*", indem man sich schlicht klarmacht, dass bereits *vor* uns unzählige Christinnen und Christen – über Jahrtausende hinweg – das Vaterunser gebetet haben: in den Katakomben von Rom genauso wie im Dom zu Köln, in irgendeinem mittelalterlichen Kerker genauso wie in einem evangelischen Gemeindehaus der Fünfzigerjahre. Aber auch *nach* uns wird das Vaterunser – so Gott will – nicht verstummen. Die Bibel hebt immer wieder die Verbundenheit mit den nachfolgenden Generationen, den „Kindern" und „Kindeskindern", denen der Glaube weiterzugeben ist, hervor. Wir sind wahrhaftig nicht die ersten, aber eben auch nicht die letzten, die das Vaterunser beten.

Gleichzeitig gibt es mit dem Vaterunser eine sozusagen „*horizontale*" Vernetzung. Dazu brauchen wir uns nur vor Augen halten, dass es auch heute *neben* uns auf der weiten Welt zahllose Menschen gibt, die tagtäglich genauso wie wir die Worte, „die Christus uns gelehrt hat", sprechen: Von Korea bis Kolumbien, von Harare bis Hammerfest. Wer einmal – etwa auf einer internationalen Tagung – zusammen mit Christinnen und Christen aus anderen Ländern das Vaterunser gleichzeitig in verschiedenen Sprachen gebetet hat, wird den Gemeinschaft stiftenden Geist dieses Gebets gespürt haben. Ja, wer das Vaterunser betet, weiß: Ich bin – Gott sei es gedankt – mit meinem Glauben Glied einer langen geschichtlichen Kette und Teil einer weltweiten gegenwärtigen Gemeinschaft. Man muss nicht Psychologe sein, um die große Kraft zu ermessen, die von solch einem Wissen ausgeht: Ich bin nicht allein. Gerade in der Anfechtung hat dieses Netz schon manch einen hindurchgetragen.

Es gibt also mehr als einen guten Grund, das Vaterunser zu beten. Drei haben wir vorläufig genannt. Bei einigem Nachdenken werden sich aber bestimmt noch etliche weitere finden lassen.

Quellenangaben

S. 66
Ernesto Cardenal, Wir sind noch nicht im Festsaal angelangt
Ernesto Cardenal, Das Buch von der Liebe
© Peter Hammer Verlag, Wuppertal 1971, Neuausgabe 2004

S. 69
Kurt Marti, dem herrn unserem gott
Kurt Marti, Leichenreden
© 2001, Nagel & Kimche

S. 87
Wolfgang Borchert, Was morgen ist
Wolfgang Borchert, Das Gesamtwerk
Herausgegeben von Michael Töteberg unter Mitarbeit von
Irmgard Schindler
© 2007 Rowohlt Verlag GmbH, Reinbek bei Hamburg

S. 133
Uwe Seidel, Psalm 150
Uwe Seidel: Lobt Gott mit euren Feste (nach Psalm 150)
aus: Hanns Dieter Hüsch / Uwe Seidel, Ich stehe unter Gottes
Schutz, Seite 108, 2016/14
© tvd-Verlag Düsseldorf, 1996